via reise verlag

Ulrike Wiebrecht

DIE BESTEN RADTOUREN

RUND UM BERLIN

Inhalt

Berliner Umland – Radfahrland ... 4
GPS-Tracks ... 4
Tipps & Tickets ... 6
Checkliste Fahrradtour ... 9

Touren im Berliner Umland

1 Hennigsdorf – Tegel · Unterwegs auf dem Berliner Mauerweg
Länge 16,5 km · Fahrzeit 2 Std. ... 10

2 Bernau – Wandlitz · Zu den lieblichen Seen des Barnimer Lands
Länge 22 km · Fahrzeit 3,5 Std. ... 17

3 Strausberg – Müncheberg · Durch die Märkische Schweiz zur Sommerfrische der Künstler
Länge 32 km · Fahrzeit 3,5 Std. ... 25

4 Grünau – Friedrichshagen · Vom Langen See zum Müggelsee
Länge 20 km · Fahrzeit 2,5 Std. ... 34

5 Erkner – Fürstenwalde · Am grünen Strand der Spree
Länge 37 km · Fahrzeit 3,5 Std. ... 40

6 Königs Wusterhausen – Blankenfelde · Vom Nottekanal zum Lido Berlins
Länge 26 km · Fahrzeit 3 Std. ... 47

7 Durch den Grunewald · Durch den Grunewald zur Havel
Länge 15 km · Fahrzeit 2 Std. ... 54

8 Wannsee – Sacrow · Auf die Halbinsel Sacrow
Länge 14 km · Fahrzeit 2,5 Std. ... 60

9 Wannsee – Potsdam-Griebnitzsee · Durchs preußische Arkadien
Länge 14 km · Fahrzeit 2 Std. ... 65

10 Um den Schwielowsee · Einmal um den Schwielowsee
Länge 34 km · Fahrzeit 4 Std. ... 74

11 Potsdam – Marquardt · Über die Insel Potsdam zum Schloss Marquardt
Länge 33,5 km · Fahrzeit 3,5 Std. ... 83

12 Marquardt – Werder · Zu Luises Lieblingsschloss
Länge 20,5 km · Fahrzeit 2,5 Std. ... 93

Touren in Brandenburg

13 Neuruppin – Rheinsberg · Durch die Ruppiner Schweiz zu den Rheinsberger Seen
Länge 25 km · Fahrzeit 2,5 Std. 100

14 Rheinsberg – Fürstenberg · Auf Fontanes Spuren zum Großen Stechlinsee
Länge 29,5 km · Fahrzeit 3 Std. 108

15 Fürstenberg – Templin · Durch den Südzipfel der Mecklenburgischen Seenplatte
Länge 39 km · Fahrzeit 4,5 Std. 114

16 Angermünde – Joachimsthal · Schorfheide-Tour für Naturliebhaber
Länge 28 km · Fahrzeit 3 Std. 124

17 Joachimsthal – Groß Schönebeck · Am märchenhaften Werbellinsee
Länge 24 km · Fahrzeit 2,5 Std. 132

18 Küstrin – Bad Freienwalde · Unterwegs auf dem Oderdamm
Länge 62 km · Fahrzeit 5 Std. 139

19 Gusow – Müncheberg · Auf dem Oderbruchbahn-Radweg
Länge 42 km · Fahrzeit 5 Std. 147

20 Müncheberg – Gusow · Auf der Märkischen Schlössertour
Länge 30,1 km · Fahrzeit 3,5 Std. 156

21 Lübbenau – Burg – Lübbenau · Auf dem Gurkenradweg durch den Spreewald
Länge 36 km · Fahrzeit 4 Std. 164

22 Jüterbog – Luckenwalde · Auf der rasanten Fläming-Skate
Länge 24 km · Fahrzeit 2 Std. 172

23 Rathenow – Paulinenaue · Durch das weite Westhavelland
Länge 34 km · Fahrzeit 3,5 Std. 180

Register 190
Impressum 192

Berliner Umland – Radfahrland

Endlose Rapsfelder, beschauliches Weideland, Kiefern- oder Buchenwälder und jede Menge Wasser: Wenn es in Deutschland eine Gegend gibt, die sich ideal zum Fahrradfahren eignet, dann ist es die überwiegend **flache Hauptstadtregion rund um Berlin.** Mit mehr als 3 000 Seen und 33 000 Kilometern Fließgewässer, elf Naturparks, drei Biosphärenreservaten und dem Nationalpark Unteres Odertal sorgt sie nicht nur für Abwechslung in Sachen Landschaft. Sie hat auch eine vorbildliche Infrastruktur aufzuweisen. Dazu gehören – neben Serviceangeboten wie zum Beispiel mehr als 500 „Bett+Bike“-Betrieben (▶ Seite 8) – um die 7 000 Kilometer **gut ausgebaute Radwege.** Von den deutschen und österreichischen Radfernwegen führen zwölf mit über 5 000 Kilometern durch Brandenburg. Ob Havel-, Oder-Neiße-Radweg, ob die Fernradwege Berlin-Kopenhagen, Berlin-Usedom oder die über tausend Kilometer lange Tour Brandenburg – wer hier unterwegs ist, kann auf vielfach bequemen, asphaltierten Strecken Kilometer machen und bekommt dabei jede Menge geboten. Mal sind es Störche, Kraniche oder Graureiher, die ihre Kreise über dem Havelländischen Luch ziehen, ein anderes Mal hübsche Feldsteinkirchen, Herrenhäuser oder liebevoll gestaltete kleine Museen, die Geschichten von Land und Leuten erzählen. Und was immer wieder verblüfft: Kaum hat man die Hauptstadt verlassen, empfangen einen einsame Wälder, endloses Weide- oder Ackerland und Wasserlandschaften wie der Naturpark Uckermärkische Seen, die Balsam für Augen und Seele sind.

Die Autorin

Ulrike Wiebrecht, Reisejournalistin und Buchautorin in Berlin, hat erst auf dem Umweg über Spanien Brandenburg entdeckt. Für sie ist das Fahrrad das ideale Fortbewegungsmittel, um in der flachen, seenreichen Hauptstadtregion das Glück der Entschleunigung zu erleben.

Im Berliner Umland wird Radfahren zum Genuss

Die Touren

Wir haben die **schönsten Etappen** ausgesucht, die mit durchschnittlicher Kondition an einem halben oder einem ganzen Tag, oft auch von Kindern, zu bewältigen sind. Sie sind in **Berlin-nahe** und eher **weitere Touren** unterteilt, wobei die Ausgangs- und Endpunkte so gewählt wurden, dass alle mit Bahn und S-Bahn zu erreichen sind. Die Fahrzeiten sind dabei eher großzügig berechnet für ein gemütliches bis mittleres Tempo. Sie schließen allerdings keine Besichtigungen oder Pausen ein. Wer größere Herausforderungen sucht, kann mehrere Touren aneinanderhängen – viele Routen sind miteinander kombinierbar. Bei der Auswahl zählten nicht nur die **gute Erreichbarkeit mit S- und Regionalbahn** und die **Qualität der Wege.** Entscheidend war auch, dass die Touren zu möglichst interessanten Orten, zum Teil auch bedeutenden Sehenswürdigkeiten des Landes – wie Schloss Paretz, Schloss Neuhardenberg oder der Heilandskirche von Sacrow – führen und dabei die landschaftliche Vielfalt widerspiegeln. Manchmal geht es aber auch einfach nur durch menschenleere, stille Gebiete, die Großstadtmüde zur Ruhe kommen lassen. So fühlt sich mancher Tagesausflug schon fast wie ein Kurzurlaub an.

GPS-Tracks

Als Ergänzung zu den Karten im Buch kann man die GPS-Tracks für alle Touren auf der Homepage des via reise verlags herunterladen. Damit lässt sich die Wegstrecke auf einem Smartphone oder einem anderen GPS-Gerät darstellen. Den Link und eine Kurzanleitung zur Verwendung der Dateien gibt es bei den Informationen zum Buch unter www.viareise.de.

Tipps & Tickets

Unterwegs mit öffentlichen Verkehrsmitteln

Alle Touren wurden so ausgewählt, dass die An- und Abreise mit öffentlichen Verkehrsmitteln erfolgen kann – also mit den Berliner S-Bahnen oder U-Bahnen, mit den Zügen der Deutschen Bahn, den in Brandenburg verkehrenden Privatbahnen oder Fähren der Berliner Verkehrsbetriebe. Das Verkehrsnetz ist recht dicht, und viele Orte sind auf diese Weise bequem zu erreichen.

Fahrscheine

Es ist gar nicht so einfach, die richtige Fahrscheinwahl zu treffen. Grundsätzlich muss man bei der Ticketwahl zwischen Touren ins **nahe Berliner Umland** (Tarifbereich ABC) und nach **Brandenburg** unterscheiden. Außer man verfügt über das **Deutschlandticket,** mit dem man ganz einfach losfahren kann, ohne sich groß Gedanken zu machen, wohin. Allerdings muss man unabhängig vom Ticket für die Beförderung des Fahrrads zusätzlich eine Fahrradkarte kaufen. Alle Fahrscheine sind an den BVG- und S-Bahn-Automaten zu erwerben. Auch an den Ticketschaltern von BVG, S-Bahn und Deutscher Bahn kann man die Fahrkarten kaufen – sowie bequem per Smartphone über die **VBB-App,** auch ohne Registrierung. Alle weiteren Informationen zur An- und Abreise mit öffentlichen Verkehrsmitteln gibt es beim **Verkehrsverbund Berlin-Brandenburg (VBB)** (Kundentelefon (0 30) 25 41 41 41 · www.vbb.de).

Gut zu wissen: Die Einzelfahrscheine sind günstiger, wenn man gleich vier auf einmal in Form von 4-Fahrten-Karten kauft. Wer eine AB-Monatskarte hat, braucht für einen Ausflug in den C-Bereich (nahes Umland) nur einen Anschlussfahrschein zu kaufen – sowie zusätzlich eine Fahrradkarte.

Touren ins Berliner Umland (Tarifbereich ABC)

Ticket	AB	BC	ABC
Einzelfahrschein	3,50 €	4,00 €	4,40 €
Tageskarte	9,90 €	10,40 €	11,40 €
Fahrradkarte Einzelfahrschein	2,30 €	2,60 €	3,00 €
Fahrradkarte Tageskarte	5,30 €	5,70 €	5,90 €
Fahrradmonatskarte	12,80 €	nur AB	16,00 €

Stand: September 2024

Touren in Brandenburg

Ticket	VBB-Gesamtnetz
Einzelfahrschein	je nach Entfernung [1]
Tageskarte	25 €
Brandenburg-Berlin-Ticket [2]	33 € (am DB-Automaten/Internet) 35 € (am Schalter)
Fahrradkarte Einzelfahrschein	4,50 €
24-Stunden-Karte Fahrrad	6 €
Fahrradmonatskarte	26,60 €

[1] Mit BahnCard 25/50 gilt der ermäßigte Tarif

[2] Gilt für bis zu fünf Personen (zusätzlich fahren bis zu drei Kinder bis 14 Jahre kostenlos mit, es müssen nicht die eigenen sein) werktags von 9 Uhr bis 3 Uhr des Folgetags, am Wochenende ab 0 Uhr.

Empfehlung: Oft lohnt sich das Brandenburg-Berlin-Ticket schon ab 2 Personen. Es schließt die Mitnahme von beliebig vielen eigenen Kindern mit ein. Für Einzel-Ausflügler kann bei weiter entfernten Zielen in Brandenburg das Tagesticket die günstigere Wahl sein. In jedem Fall erspart man sich dann das mühselige Kaufen des Rückfahrtickets an geschlossenen Bahnhöfen, wo oft nur ein Automat zur Verfügung steht, das Fahrziel langwierig eingegeben und vielleicht noch mit passenden Münzen bezahlt werden muss.

Fahrschein- & Fahrplanauskunft

Verkehrsverbund Berlin-Brandenburg (VBB)
www.vbb.de ·
Kundentelefon: (0 30) 25 41 41 41

Deutsche Bahn
www.bahn.de ·
Service-Nummer
(S-Bahn-Kundentelefon, Ansprechpartner Regionalverkehr, Radfahrer-Hotline tgl. 9–20 Uhr): 030 2790 ·
(normaler Ortstarif) ·
www.bahn.de/service/individuelle-reise/fahrrad

Ostdeutsche Eisenbahn (ODEG)
www.odeg.de ·
Kundentelefon:
(0 30) 5 14 88 88 88

Niederbarnimer Eisenbahn (NEB)
www.neb.de ·
Kundentelefon:
(0 30) 3 96 01 13 44

Mit dem Fahrrad in S- & Regionalbahnen

Für die Fahrradmitnahme sind bestimmte Abteile vorgesehen – Erkennungszeichen ist ein Fahrrad am Fenster. Räder dürfen aber nur dann mit, wenn genug Platz ist. **Achtung:** Am Wochenende kann es morgens und abends mitunter eng werden in den Fahrradabteilen – besonders in den Zügen Richtung Ostsee. Ähnliches gilt für Fähren. Deshalb sollte man, insbesondere bei Strecken, auf denen es nur Verbindungen im Zwei-Stunden-Takt gibt, nicht den letzten Zug zurück nehmen. Noch weniger Kapazität als die Deutsche Bahn haben die Privatbahnen ODEG (Ostdeutsche Eisenbahn) und NEB (Niederbarnimer Eisenbahn). Über die Kunden-Hotlines bekommt man bei Engpässen Alternativen zur Rückfahrt von einem anderen Bahnhof.

„Bett+Bike"-Betriebe

Die Website www.bettundbike.de vom ADFC macht es Radlern leicht, ein passendes Quartier zu finden. An Hotels, Pensionen, Jugendherbergen, bei Privatvermietern oder Campingplätzen zeigt die „Bett+Bike"-Plakette an, dass Radfahrer willkommen sind. Die können dort ihr Fahrrad über Nacht unterstellen, nasse Kleidung trocknen, kleinere Reparaturen durchführen oder sich in eine nahe Werkstatt transportieren lassen. Außerdem gibt es Touren-Informationen und ein gutes Radler-Frühstück.

Checkliste Fahrradtour

Vorab klären

⇨ **Ist mein Fahrrad verkehrstüchtig?**
Der ADFC Brandenburg bietet im Frühjahr und Herbst an verschiedenen Orten einen kostenlosen Fahrrad-Check.

⇨ **Fahren alle Bahnen?**
Vor der Tour sicherheitshalber noch einmal die aktuellen Fahrpläne im Internet oder telefonisch abfragen, ob keine Beeinträchtigung des Nahverkehrs vorliegt. Das erspart unschöne Überraschungen.

Nicht vergessen

⇨ **Werkzeug**
Flickzeug, Luftpumpe, eventuell Ersatzschlauch.

⇨ **Kleidung für jede Wetterlage**
Nicht nur an Regen-, sondern auch an Sonnenschutz denken.

⇨ **Erste-Hilfe-Set**

⇨ **Proviant**
Ausreichend Flüssigkeit und etwas zu essen. Selbst wenn es unterwegs Gaststätten gibt, weiß man nicht immer, ob man etwas zu essen bekommt.

⇨ **Regionalkarten**
Neben diesem via reise-Radführer und dem Smartphone sorgt auch eine Radwanderkarte der Region für Übersicht. Bewährt haben sich die Regionalkarten des ADFC im Maßstab 1 : 75 000.

Info-Adressen für Radfahrerinnen und Radfahrer

⇨ Hier gibt es Auskünfte für Radausflügler und Radreisende:

ADFC Berlin e. V.
Yorckstraße 25
10965 Berlin
https://berlin.adfc.de/

LV Brandenburg
Gutenbergstraße 76
14467 Potsdam
(03 31) 2 80 05 95
www.brandenburg.adfc.de

Informations- & Buchungsservice, spezielle Homepage zum Thema Radfahren:
https://landkarte-brandenburg.de/#/?categories=5505

Tourismus-Marketing Brandenburg GmbH
Babelsberger Straße 26
14473 Potsdam
Tel. (00 49) 0 33 19 87 30
www.reiseland-brandenburg.de

Hennigsdorf – Tegel

1 Unterwegs auf dem Berliner Mauerweg

Start	Ziel	Länge	Fahrzeit
S-Bhf. Hennigsdorf	S-Bhf. Tegel	16,5 km	2 Std.

Zwischen 2002 und 2006 angelegt, folgt der Berliner Mauerweg dem Verlauf der ehemaligen DDR-Grenzanlagen und führt auf rund 160 Kilometern um die einstige Westberliner Halbstadt herum. Unterwegs informieren an etwa 40 Stationen Übersichtspläne und Info-Tafeln über die Teilung Deutschlands, den Bau und Fall der Mauer. Doch wandelt man auf der hier ausgewählten Etappe nicht nur auf den Spuren der Geschichte. Sie führt durch eine so reizvolle Wald- und Wasserlandschaft mit Badestellen, einem Strandbad und Ausflugsdampfern, dass sich die Tour einschließlich kleiner Fahrt auf der Fähre fast wie ein Kurzurlaub anfühlt.

Am Tegeler See

Infos zur Tour

Anfahrt
S-Bahnhof Hennigsdorf
(S25 alle 20 Min., ca. 34 Min. ab S-/U-Bhf. Friedrichstraße)

Rückfahrt
S-Bahnhof Tegel
(S25 alle 20 Min., ca. 24 Min. bis S-/U-Bhf. Friedrichstraße)

Streckenverlauf
Hennigsdorf – Nieder Neuendorf – Papenberge – Hakenfelde – Tegelort – Tegel

Streckencharakteristik
Geschichtlich interessante Tour auf bequemen Rad- und Waldwegen mit kurzer Fahrt auf der Fähre. Achtung: Rad muss in Tegel über die Hafentreppe getragen werden (oder kleiner Umweg)!

Schwierigkeit
Einfach

Für Kinder
Ja

Beschilderung
Mauerweg von Hennigsdorf bis Sandstrand Bürgerablage. Der Ausschilderung Havel-Radweg bzw. Radweg Berlin-Kopenhagen kann man noch bis zur Havelfähre folgen.

Einkehren
Café Diadem · Nieder Neuendorf
Dorfstraße 28 · 16761 Hennigsdorf, OT Nieder Neuendorf · (0 33 02) 49 35 80 · Mi–So 12–20 Uhr z. T. eingeschränkte Öffnungszeiten
Nettes kleines Café mit Terrasse am Dorfanger. Hier finden auch kleine Ausstellungen statt.

Jagdhaus Spandau an der Bürgerablage
Niederneuendorfer Allee 80 · 13587 Berlin-Spandau · (0 30) 33 60 44 94 · www.jagdhaus-berlin.de · Im Sommer tgl. 10–1 Uhr, im Winter tgl. 10–18 Uhr
Traditionsreiches Ausflugslokal an der Bürgerablage mit Biergarten. Deutsche Küche, auch Sonntagsbrunch mit Live-Musik.

Café Wetterstein · Berlin Tegel
Alt-Tegel 18 · 13507 Berlin · (030) 42 09 94 03 · www.cafe-wetterstein.de · Tgl. ab 9 Uhr
Das Lokal unweit der Greenwichpromenade serviert verschiedenste Speisen, vom Frühstück bis zum herzhaften Tuna-Wrap. Spezialität sind Omeletts, Waffeln und Flamm- und Eierkuchen.

Baden
Badestellen an der Havel (z. B. an der „Bürgerablage“ ► Seite 14) und am Tegeler See, außerdem Strandbad Tegel (► Seite 15)

Tour auf einen Blick

km 0	Vom ***S-Bahnhof Hennigsdorf*** vom östlichen Ausgang Rathausplatz rechts über die Straße Am Bahndamm und die Hafenstraße rechts auf den Berliner Mauerweg. Vorbei am Hafen Hennigsdorf, unter den Bahngleisen hindurch und an der Uferpromenade entlang, links über die Brücke nach Nieder Neuendorf.
km 4	Von ***Nieder Neuendorf*** an der Havel entlang zum Fähranleger Spandau-Hakenfelde. Überfahrt nach Tegelort.
km 9,5	Von ***Tegelort*** auf dem Schwarzen Weg um den Tegeler See herum und über die Hafenbrücke (Fahrrad muss getragen werden) nach Tegel. Von der Greenwichpromenade links über die Straßen Alt Tegel und Bernstorffstraße und rechts über die Buddestraße zum S-Tegel.
km 16,5	***S-Bahnhof Tegel***

In Hennigsdorf

Wer einen Blick ins Zentrum von Hennigsdorf werfen möchte, verlässt den S-Bahnhof über den westlichen Ausgang Postplatz.

Viel zu sehen gibt es in **Hennigsdorf** (1) neben der betriebsamen Einkaufsmeile **Havelpassage** und einem kleinen Altstadtkern östlich des Bahnhofs auf den ersten Blick nicht. Dabei hat der Ort mit seinem Stahl- und Lokomotivwerk – das heute zu Alstom gehört – Geschichte gemacht. Am 17. Juni 1953 zog „der Zug der Stahlarbeiter", ein Protestmarsch der Arbeiter des Hennigsdorfer Stahlwerks, zur Begeisterung vieler Anwohner durch Reinickendorf und Wedding zum „Haus der Ministerien" an der Leipziger Straße, um dort die DDR-Regierung mit ihren politischen Forderungen zu konfrontieren. Außerdem befand sich an der Uferpromenade die „Grenzübergangsstelle Hennigsdorf". An dieser Wasserkontrollstelle durften Binnenschiffe zum Gütertransport von und nach Polen passieren oder in das Gebiet der DDR einfahren. Transitverkehr in die Bundesrepublik war dagegen nicht möglich. Nach der Teilung Berlins ließ die DDR-Regierung zwischen 1951 und 1953 außerdem den Havelkanal bauen, um Westberlin zu umschiffen. Denn zwischen Hennigsdorf und Potsdam fließt die Havel durch den Westteil der Stadt.

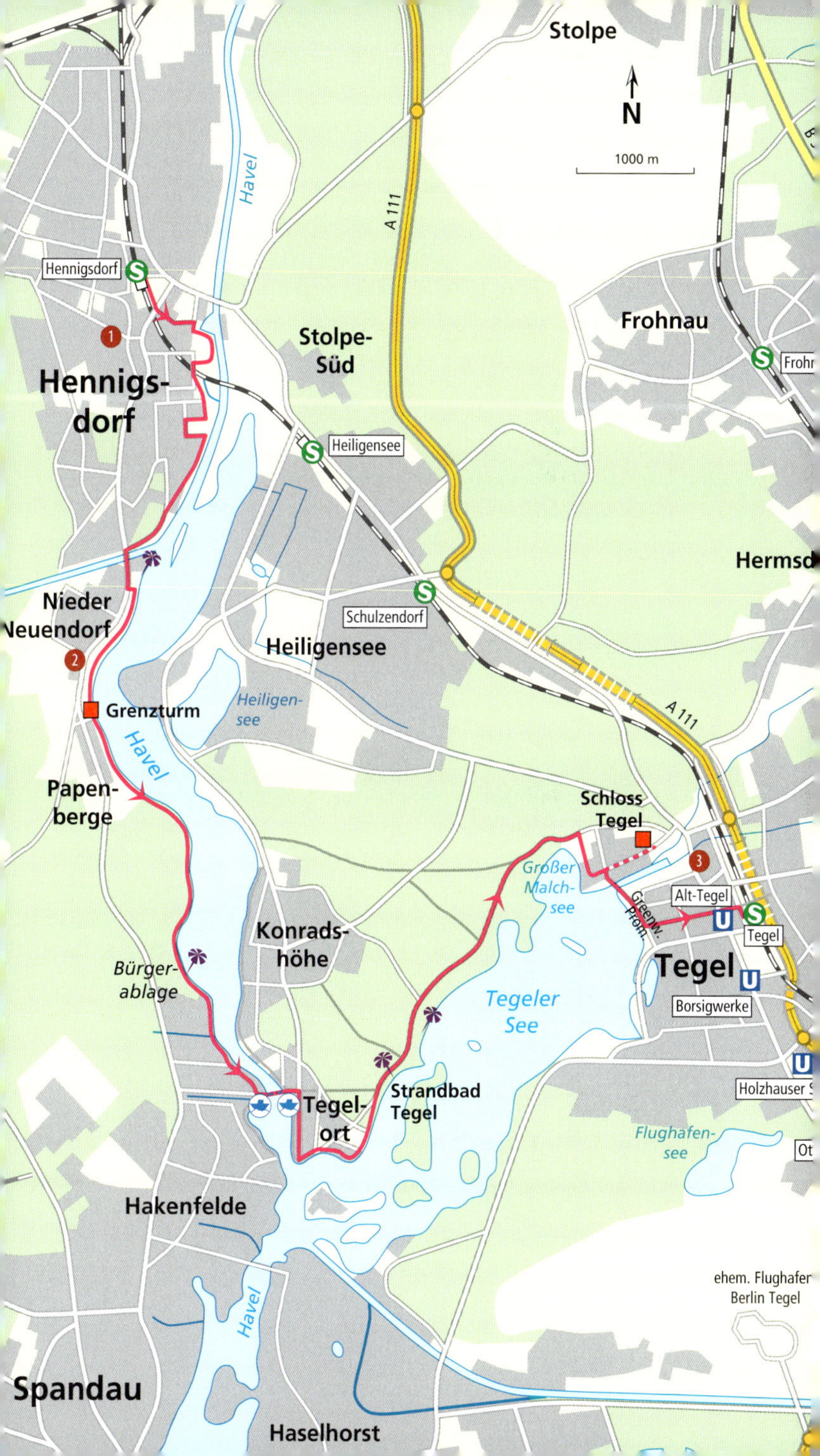

Stolpe
N
1000 m
A 111
Havel
Hennigsdorf
Frohnau
Stolpe-Süd
Frohn
Hennigsdorf
Heiligensee
Hermsd
Nieder Neuendorf
Schulzendorf
Heiligensee
Grenzturm
Heiligensee
A 111
Havel
Papenberge
Schloss Tegel
Großer Malchsee
Alt-Tegel
Greenw.-Prom.
Tegel
Konradshöhe
Tegel
Bürgerablage
Tegeler See
Borsigwerke
Strandbad Tegel
Tegelort
Holzhauser S
Flughafensee
Ot
Hakenfelde
ehem. Flughafen Berlin Tegel
Havel
Spandau
Haselhorst

Vom S-Bahnhof Hennigsdorf nach Nieder Neuendorf

0 km *Um vom* ***S-Bahnhof Hennigsdorf*** *auf den Mauerweg zu gelangen, verlässt man am besten den Bahnhof über den östlichen Ausgang Rathausplatz und folgt gleich rechts dem Weg parallel zu den Gleisen und weiter über die Hauptstraße hinweg in die Hafenstraße. Von ihr zweigt in Havelnähe bald rechts der Berliner Mauerweg ab, dem man unter der Eisenbahnbrücke hindurch immer am Ufer entlang und an den Alstom-Eisenbahnwerken vorbei folgt. Nach etwa 3 Kilometern mündet der Uferweg auf die Spandauer Allee, die links über die Brücke führt. Kurz danach wechselt man links auf den unbefestigten Weg am Ufer der Havel und nähert sich der*
4 km *herrlichen Wasserlandschaft von* ***Nieder Neuendorf.*** *Neben einem kleinen Jachthafen und der Schiffsanlegestelle der Stern und Kreisschiffahrt GmbH watscheln Enten, in der Ferne blitzen die weißen Segel der Freizeitkapitäne auf.*

Das Zentrum von **Nieder Neuendorf** ❷ ist ein typisch märkischer Dorfanger mit einer **Kirche** aus dem 13. Jahrhundert, um den herum sich niedrige Bauernhäuser gruppieren. Was nicht zu dem idyllischen Bild passt, ist der quadratische Turm aus Beton, der etwas südlich des Orts am Wasser steht. Es ist ein Original-Wachturm aus DDR-Zeiten, der bis 1989 als **Wachturm** diente und Bestandteil der Grenzanlagen der Berliner Mauer war. Von seiner obersten Etage hat man nicht nur einen schönen Ausblick auf die Landschaft. Im Turm befindet sich auch ein Grenzmuseum, dessen Dauerausstellung mit Infotafeln, Fotos und anderen Dokumenten den Alltag rund um die deutsch-deutsche Grenze veranschaulicht (Grenzturm Nieder Neuendorf · (0 33 02) 87 73 12 · Apr.–Anfang Okt. Di–So 10–18 Uhr).

Von Nieder Neuendorf zum Tegeler Hafen

Von Nieder Neuendorf geht es weiter an der Havel entlang in Richtung Berlin-Spandau, wo der Weg durch den Wald zum schönen **Sandstrand Bürgerablage** *und dem Ausflugslokal Jagdhaus führt. Der Berliner Mauerweg macht hier einen kleinen Bogen um die Gaststätte. Danach fahren wir weiter am Wasser entlang und schließlich über die Fußgängerbrücke über den Teufelsseekanal bis zum Aalemannufer in Hakenfelde, wo wir die Fähranlegestelle erreichen (Fährbetrieb W. & A. Burchardi*

Am kleinen Jachthafen in Nieder Neuendorf

· Aalemannufer 14 · 13587 Berlin · www.faehre-berlin.de · (0 30) 3 35 68 35 · nur Fr–So, Fei 9.30–19 Uhr). Hier setzt man über die Havel in den ruhigen Ortsteil **Tegelort** *über. Dort geht es am Ufer gleich rechts auf der Tegeler-See-Route weiter, die erst am Ufer entlang, später durch den Tegeler Forst führt, allerdings an schönen Tagen auch von vielen Spaziergängern frequentiert wird. Am* **Strandbad Tegel** *und weiteren Badestellen vorbei radelt man auf dem Schwarzen Weg teils durch schattigen Mischwald, teils am Wasser entlang und über den rechts abzweigenden Weg An der Malche zum* **Tegeler Hafen** *(Strandbad Tegel · Schwarzer Weg 21 · (0 30) 22 19 00 11 · Geöffnet von etwa Mitte Mai bis Mitte September).* 9,5 km

Abstecher zum Schloss Tegel

Kurz nach dem Tegeler Hafen biegt man links in die Gabrielenstraße, von der bald wieder links die Adelheidallee abzweigt. Sie führt direkt zum Schloss Tegel, das allerdings nur im Rahmen einer Führung zu besichtigen ist.

Das Fahrrad muss auf die Tegeler Hafenbrücke getragen werden

Im **Schloss Tegel,** das auf ein Herrenhaus im Stil der Renaissance aus dem 16. Jahrhundert zurückgeht und das der Große Kurfürst Friedrich Wilhelm von Brandenburg als Jagdschloss nutzte, verbrachten die Brüder Wilhelm und Alexander von Humboldt ihre Kindheit. Unter dem späteren Philosophen und Sprachforscher Wilhelm von Humboldt wurde der Herrensitz 1820–24 nach Plänen Karl Friedrich Schinkels im Stil des Klassizismus umgestaltet. Im Innern haben sich unter anderem der Blaue Salon, der Antikensaal und das Blaue Turmkabinett erhalten. Außerdem gestaltete Peter Joseph Lenné den Schlosspark neu. Eine Lindenallee führt heute zur Familiengrabstätte der Humboldts mit einer Kopie der 1818 vom Bildhauer Bertel Thorvaldsen geschaffenen Statue der Hoffnung (Schloss Tegel · Adelheidallee 19 · (0 30) 8 86 71 50 · Führungen Mai–Sep. Mo 10–16 Uhr, Besichtigung nur mit Führung 10, 11, 15 und 16 Uhr, 12 € / 10 €, der Park ist ganzjährig frei zugänglich).

Wer vom Schloss aus direkt die Rückfahrt antreten will, fährt auf der Straße An der Mühle und rechts über die Karolinenstraße zum Bahnhof. Alle anderen nehmen die Gabrielenstraße zurück zum Abzweig.

Vom Tegeler Hafen zum S-Bahnhof Tegel

Vom Tegeler Hafen ist es nicht weit zur Hafenbrücke, auf die die Fahrräder getragen werden müssen. Auf der anderen Seite gelangt man ins Ortszentrum von **Tegel** ③ *und zur* **Greenwichpromenade**. *Hier legen die Ausflugsdampfer an, Ausflugslokale säumen das Ufer und man hat einen schönen Blick auf den weiten* **Tegeler See.** *Von der Greenwichpromenade geht es links in die Straße Alt-Tegel. Wer zur U-Bahn (Alt-Tegel) will, biegt rechts in die Berliner Straße. Zum S-Bahnhof fährt man weiter geradeaus durch die Bernstorffstraße,*
16,5 km *bis rechts die Buddestraße abzweigt und zur* ***S-Bahn*** *führt.*

Zu den lieblichen Seen des Barnimer Lands 2

Start	Ziel	Länge	Fahrzeit
S-Bhf. Bernau	Bhf. Wandlitz	22 km	3,5 Std.

Zwei der schönsten Badeseen Brandenburgs verbindet die Strecke – den von Buchen gesäumten Liepnitz- und den kristallklaren Wandlitzsee, die zu den beliebtesten Ausflugszielen im Berliner Umland gehören. Doch kommen nicht nur Wasserratten an den idyllischen Badestellen, einem Strand- und einem Waldbad auf ihre Kosten. In Wandlitz gibt es auch einen liebenswerten alten Ortskern zu entdecken, in Bernau umschließt die mittelalterliche Stadtmauer mit ihren drei Toren den Stadtkern mit einer der bedeutendsten Backsteinkirchen des Landes. Und noch eine weitere Rarität liegt am Weg: das Bauhaus Denkmal Bundesschule – ein bedeutsames Zeugnis der Bauhausarchitektur.

Romantik am Liepnitzsee

Infos zur Tour

Anfahrt
S-Bahnhof Bernau
(S2 alle 20 Min., 28 Min., RE3 stündlich, ca. 13 Min. ab Berlin-Gesundbrunnen)

Rückfahrt
Bahnhof Wandlitz
(RB 27 alle 60 Min. bis Berlin-Karow, dann mit S2 bis S-/U-Bhf. Friedrichstraße, ca. 45 Min.)

Streckenverlauf
Bernau – Bauhaus Denkmal Bundesschule – Liepnitzsee – Ützdorf – Wandlitzsee – Wandlitz

Streckencharakteristik
Landschaftlich reizvolle Tour auf asphaltierten Radwegen, teilweise straßenbegleitend, teilweise durch den Wald, mit mäßigen Steigungen.

Schwierigkeit
Einfach, leichte Steigungen

Für Kinder
Ja

Beschilderung
Lokale Ausschilderung

Einkehren
Jägerheim Ützdorf/Hotel am Liepnitzsee
Wandlitzer Str. 12 · 16348 Wandlitz, OT Lanke-Ützdorf · (03 33 97) 75 30 · www.hotel-am-liepnitzsee.de ·
Tgl. und gzj. ab 11.30 Uhr außer am 24.12. Gutbürgerliche Küche mit frischem Fisch und Wildspezialitäten. Auch komfortable Zimmer (EZ ab 60 €, DZ ab 90 €).

Ristorante alla Fontana · Strandrestaurant Wandlitzsee
Prenzlauer Allee 154a · 16348 Wandlitz · (03 33 97) 6 83 03 · www.fontana-wandlitz.de ·
Tgl. 11–23 Uhr
Beliebtes Ausflugslokal neben dem Strandbad mit großer Terrasse am See und italienischer Küche.

Seepark Hotel am Wandlitzsee · Wandlitz
Kirchstraße 9 · 16348 Wandlitz · (03 33 97) 7 50 · www.seepark-hotel.de
Das Hotel wartet mit einem kleinem Kurpark, einer Terrasse am See und einer originellen Marktküche auf. Auch komfortable Zimmer (EZ ab 75 €, DZ ab 92 €).

Baden
Badestellen am Liepnitz- und Wandlitzsee, außerdem
Waldbad Liepnitzsee
Gottlieb-Daimler-Straße · 16321 Bernau · (03 33 97) 8 19 15 ·
Mai–Sep. 10–19 Uhr · 4 € / 2–3 €
Strandbad Wandlitzsee
Prenzlauer Chaussee 154 · 16348 Wandlitz · (03 33 97) 36 07 91 ·
Mai–Ende Sep.
Hauptsaison (Juni-Aug.) 9–20 Uhr, ·
3 € / 1 € / Familien 6,50 €
Mit Ruderboot-, Tretboot-, SUP-Verleih von 10–16 Uhr.

Biesenthal
Biesenthal
Stree-see
Lanke
Lanke
Obersee
Hellsee
Ützdorf
Strandbad Wandlitz-see
Chaussee
Wandlitzsee
Barnim Panorama
Dorf-kirche
Rahmersee
hagener See
Wandlitzsee
Waldbad Liepnitzsee
Liepnitz-see
Großer Werder
Wandlitz
Wandlitz
Prenzlauer
B 273
B 109
Zühlsdorf
Honecker-Haus
Waldsiedlung
B 273
A 11
Lobetal
Rüdnitz
Rüdnitz
B 2
Basdorf
Basdorf
Bauhaus Denkmal Bundesschule
Ladeburg
A 11
B 2
N
1000 m
Gorin-see
B 109
Schönwalde
Schönwalde
Schönow
St. Marien-kirche
Stein-tor
Bernau
Bernau
B.-Friedenstal

Tour auf einen Blick

km 0	Vom ***Bahnhof Bernau*** auf der Wandlitzer Chaussee zum Bauhaus Denkmal Bundesschule.
km 5	Vom ***Bauhaus Denkmal Bundesschule*** weiter auf der Wandlitzer Chaussee und an der Abzweigung rechts durch den Wald zum Liepnitzsee (Beschilderung Ützdorf folgen).
km 10	Um das Südufer des ***Liepnitzsees*** herum durch Ützdorf, am Waldbad Liepnitzsee vorbei und an der Abzweigung rechts nach Wandlitz, OT Wandlitzsee.
km 19,5	Vom ***Bahnhof Wandlitzsee*** links am Seeufer entlang in den historischen Ortskern von Wandlitz, landeinwärts über die Breitscheidstraße und rechts die Bahnpromenade zum Bahnhof Wandlitz.
km 22	***Bahnhof Wandlitz***

Vom Bahnhof ins Stadtzentrum von Bernau

0 km *Am **Bahnhof** von Bernau überquert man den Vorplatz und folgt links auf der Breitscheidstraße der Ausschilderung des R1 (auf keinen Fall mit der Ausschilderung des Radfernwegs Berlin-Usedom verwechseln!). Gleich darauf geht es rechts durch die Alte Goethestraße, links die Berliner und rechts die Bürgermeisterstraße am Marktplatz vorbei zur St. Marienkirche.*

Auch wenn einige Fachwerkhäuser durch Plattenbauten ersetzt wurden und nicht alles, was historisch aussieht, auch echt ist, wirkt das 700 Jahre alte **Bernau** ❶ mit seiner mittelalterlichen Stadtmauer ganz beschaulich. Zwischen den drei erhaltenen Stadttoren lassen sich einige sehenswerte Bauten entdecken. Allen voran die **St. Marienkirche** (www.kirche-bernau.de), eine imposante spätgotische Backsteinhalle, die romanisch begonnen, aber erst 1519 geweiht wurde und alljährlich im Oktober den stilvollen Rahmen für das Festival Alter Musik abgibt (www.altemusik-bernau.de). Im Inneren beeindrucken ein Flügelaltar aus der Schule von Lucas Cranach dem Älteren aus der Zeit um 1520 und ein Triumphkreuz (St. Marienkirche · Kirchplatz 8 · (0 33 38) 7 02 20 · www.kirche-bernau.de · Ostern–Okt.

tgl. 14–16 Uhr · Führungen auf Anfrage). Nicht weit davon entfernt steht das **Henkerhaus** nahe der Mühlenstraße, in dem allerlei Folterinstrumente die Scharfrichterei lebendig werden lassen. Wer die große Waffensammlung aus dem 15. und 16. Jahrhundert gesehen hat, kann noch vom knapp 30 Meter hohen Turm den Blick über die Stadt genießen (Museum Henkerhaus · Am Henkerhaus · (0 33 38) 22 45 · Di–Fr 9–12, 13–17, Sa/So 10–13, 14–17 Uhr). Im **Steintor** in der Berliner Straße ist wiederum ein Teil des Heimatmuseums mit Rüstungskammer, Wehrgang und Hungerturm untergekommen (Museum im Steintor · Berliner Straße · (0 33 38) 29 24 · Mai–Okt. Di–Fr 9–12, 14–17, Sa/So 10–13, 14–17 Uhr). In der Tuchmacherstraße sind der **Pulverturm** und das **Kontorhaus** sehenswert. Das Kontorhaus im Fachwerkstil stammt von 1582 und ist das älteste Wohnhaus der Stadt. Durchweg Zeitgenössisches gibt es dagegen im Pulverturm zu sehen. Das **Intermedia Arts Museum** präsentiert Werke des Film-, Video- und Fotokünstlers Wolf Kahlen sowie wechselnde Ausstellungen (Am Pulverturm · (0 33 38) 75 31 75 · www.wolf-kahlen.net/museum · Di–So 15–18 Uhr, · 6 € / 4 € (dasselbe Ticket gilt auch für das Heimatmuseum).

Markante Bauhausarchitektur – das Bauhaus Denkmal Bundesschule

Von Bernau zum Bauhaus Denkmal Bundesschule

Vom Marktplatz fährt man auf der Mühlenstraße, die später Oranienburger Straße und Wandlitzer Chaussee heißt, immer geradeaus am Museum im Henkerhaus, der Stadtmauer, dem St. Georgenhospital und dem 100 Jahre alten Wasserturm vorbei aus der Stadt hinaus. Nach ca. 5 Kilometern und über die A 11 hinweg gelangt man zum ***Bauhaus Denkmal Bundesschule,*** *das rechts der Straße liegt.* *5 km*

Das **Bauhaus Denkmal Bundesschule** ist ein Werk der Bauhausarchitekten Hannes Meyer und Hans Wittwer, die mit der Bundesschule des Allgemeinen Deutschen Gewerkschaftsbundes 1928 ihre Idee vom rationalen Funktionalismus verwirklichten. Noch heute wirkt das lichtdurchflutete Tagungszentrum, das schön in die Waldlandschaft eingebettet ist und mittlerweile als Schulgebäude fungiert, überaus modern. Im Innern informiert eine Ausstellung mit Schautafeln und Fotos über die Geschichte des Baus, der im Dritten Reich auch als Reichsführerschule von SS und Gestapo und in DDR-Zeiten vom Freien Deutschen Gewerkschaftsbund (FDGB) genutzt wurde. Seit 2007 dient die Anlage als Internat der Handelskammer Berlin und wurde inzwischen in die Liste des UNESCO-Welterbes aufgenommen. Seit 2022 informiert ein Besucherzentrum über das Baudenkmal. Die Bundesschule und die Lehrerhäuser können nur im Rahmen einer Führung besichtigt werden (Hans-Wittwer-Str. 1 · 16321 Bernau · Sa/ So 11.30 und 14.30 · Anmeldung über die Webseite · www.welterbe-bernau.de).

Vom Bauhaus Denkmal Bundesschule nach Wandlitz

Vom Bauhaus Denkmal Bundesschule geht es weiter auf dem Radweg neben der Wandlitzer Chaussee, bis nach ca. 5 weiteren Kilo-
10 km *metern rechts die Abzweigung durch den Wald zum* **Liepnitzsee** ❷ *führt. Nun beginnt die landschaftlich reizvollste Strecke durch herrliche Wald- und Seenlandschaft. Um den Liepnitzsee zu umrunden, folgt man den Hinweisschildern Richtung Ützdorf.*

⇨ Abstecher zur Waldsiedlung Wandlitz

Um zur Waldsiedlung Wandlitz zu gelangen, lässt man den Abzweig Richtung Ützdorf zunächst rechts liegen, fährt weiter geradeaus und folgt nach etwa 100 Metern links dem Waldweg in südöstlicher Richtung zurück zur Wandlitzer Chaussee. Dort hält man sich links und erreicht bald rechts die Siedlung.

In der **Waldsiedlung Wandlitz** wohnte zu DDR-Zeiten die SED-Führung, von 1958 bis zur Wende war das Gelände daher hermetisch abgesperrt. Heute gehört es zur Brandenburg Klinik Bernau. Wer einen Blick auf das ehemalige Wohnhaus Erich Honeckers werfen möchte, findet es im Habichtweg 5.

Von der Waldsiedlung fährt man auf dem gleichen Weg zurück und folgt am Liepnitzsee links den Hinweisschildern Richtung Ützdorf.

Wechselspiel von Wasser und Grün am Liepnitzsee

Erst geht es ein Stück durch Buchenwald – schon blitzt zwischen den hohen Bäumen das Wasser auf. Bequemer als der holperige Naturlehrpfad am teils steilen Seeufer ist der asphaltierte Fahrradweg, der etwas abseits des Sees verläuft, aber immer wieder den Blick auf den in Schilf und Laubbäume eingebetteten See freigibt. Besonders idyllisch ist die **Insel Großer Werder** *mit einem 70 Meter hohen Kiesberg, auf der die Gaststätte Insulaner Klause zu Erfrischungen einlädt. Zu erreichen ist sie mit einer kleinen Fähre, auf der auch Fahrräder mitgenommen werden können – die Fähranlegestellen liegen jeweils am Süd- und am Nordufer (Fähre Liepnitzsee · (01 72) 3 60 97 75 · www.liepnitzinsel.de · Hauptsaison Mo–Do 10–18, Fr–So 10–19 Uhr, Nebensaison verkürzt).*

Weiter geht es nach **Ützdorf,** *wo der Weg am Hotel-Restaurant Jägerheim (▶ Seite 18) vorbei am Nordufer entlang zum schönen* **Waldbad Liepnitzsee** *mit großzügigen Liegewiesen und einem Bootsverleih führt. Kurz darauf zweigt rechts der Weg nach Wandlitz ab. Zwischen Siedlungshäusern geht es in den Ortsteil* ***Wandlitzsee*** *mit dem gleichnamigen Bahnhof und dem gegenüberliegenden* **Strandbad.** *19,5 km*

Das Bahnhofsgebäude im Bauhausstil

Wandelice – Menschen, die am Wasser leben – nannten die Slawen das frühere **Wandlitz** ❸, bevor sich hier im 13. Jahrhundert deutsche Siedler niederließen und der Ort zu den deutschen Markgrafen kam. Mit der Bahnverbindung von Berlin nach Groß Schönebeck, der Heidekrautbahn, blühte er zu Beginn des 20. Jahrhunderts zum Erholungsort auf. Davon zeugen noch heute die schönen Villen und Landhäuser sowie das 1926 eröffnete Strandbad, die das Seeufer säumen. Gleich gegenüber steht das Bahnhofsgebäude im Bauhausstil des Berliner Architekten Wagner.

In den historischen Ortskern von Wandlitz

Vom Bahnhof Wandlitzsee geht es links über die Prenzlauer Chaussee und bald wieder links am Seeufer entlang zum historischen Ortskern von Wandlitz mit seinen alten, kopfsteingepflasterten Straßen und dem Barnim Panorama, das aus dem früheren Argrarhistorischen Museum und dem Besucherzentrum des Naturparks Barnim hervorgegangen ist.

Das liebevoll gestaltete **Barnim Panorama** spannt in einem avantgardistischen Gebäudeensemble samt Schaugarten und Traktoren-Herde den Bogen von der eiszeitlichen Wildnis bis zur heutigen Kulturlandschaft und erzählt anhand von 34 geschichtsträchtigen Orten allerhand Barnim-Geschichten (Breitscheidstr. 8–9 · (03 33 97) 36 05 05 · www.barnim-panorama.de · Sa–Do 10–18 Uhr · Tel. (03 33 97) 36 05 05 6 €, Kinder 2,50–4 €, Familien 14 €). Außerdem hat sich im alten Ortskern neben der Friedenseiche von 1872 die **Dorfkirche** von 1716 mit barockem Innenraum erhalten.

Vom Barnim Panorama zum Bahnhof Wandlitz

Vom Barnim Panorama führt die Breitscheidstraße landeinwärts, über die Prenzlauer Chaussee hinweg und rechts in die Bahnpromenade zum ***Bahnhof.***

22 km

Strausberg – Müncheberg

Durch die Märkische Schweiz zur Sommerfrische der Künstler 3

Start	Ziel	Länge	Fahrzeit
S-Bhf. Strausberg Stadt	Bhf. Müncheberg	32 km	3,5 Std.

Nein, tausend Meter hohe Gipfel, Almen und Sennhütten gibt es in der Märkischen Schweiz nicht. Aber immerhin einige Erhebungen, die den Naturpark zusammen mit seiner abwechslungsreichen Vegetation zu einem der liebenswertesten Flecken Brandenburgs machen. Auf kleinstem Raum wechseln sich Schluchten – die sogenannten Kehlen –, Quellbäche und stille Moore ab. Dazu gesellen sich schöne Badeseen. Kein Wunder, dass sich in der Gegend von Buckow auch Künstler wie Bertolt Brecht, Egon Erwin Kisch oder John Heartfield besonders wohlfühlten: Ihre Refugien liegen ebenso am Wegesrand wie die denkwürdige Pyramide von Garzau.

Dichtes Grün in der Rehfelder Heide

Infos zur Tour

Anfahrt
S-Bahnhof Strausberg Stadt (S5 alle 20 Min., ca. 61 Min. ab Berlin Hbf.)

Abkürzung: S-Bahnhof Hegermühle (gleiche Verbindung wie nach Strausberg Stadt)

Rückfahrt
Bahnhof Müncheberg (Rückfahrt mit RB 26 stündlich bis Berlin-Lichtenberg, ca. 35 Min. oder alle 2 Std. bis Berlin-Ostkreuz, ca. 39 Min.)

Streckenverlauf
Strausberg – Rehfelde – Garzau – Garzin – Liebenhof – Waldsieversdorf – Buckow – Müncheberg

Streckencharakteristik
Landschaftlich und kulturell interessante Tour, die an mehreren Seen vorbeiführt. Teils auf asphaltierten Radwegen, teils auf wenig befahrenen Landstraßen (von Garzau nach Garzin) und Waldwegen. Vom S-Bahnhof Hegemühle nach Garzau auf straßenbegleitendem Radweg.

Schwierigkeit
Einfach, leichte Steigungen

Für Kinder
Ja (bei entsprechendem Durchhaltevermögen)

Beschilderung
Theodor-Fontane-Radweg von Strausberg bis Rehfelde, R1 von Strausberg-Süd bis Buckow

Einkehren
So viele Cafés und Restaurants es in Strausberg und Buckow auch gibt – unterwegs sind die Einkehrmöglichkeiten rar, sodass man zumindest genug Flüssigkeit dabeihaben sollte.

Café am Markt · Buckow
Markt 4 · 15377 Buckow · (03 34 33) 5 66 95 · tgl. 11–17 Uhr
Nettes Café in zentraler Lage mit Kuchen, Eis sowie kleinen Speisen.

Buckower Köstlichkeiten
Am Markt 8 · 15377 Buckow · (03 34 33) 15 60 12 · www.naturkontor-buckow.de · Mo–Do 9–18, Fr 9–18, Sa 9–16.30 Uhr
Das unprätentiöse Ladenlokal bietet den besten Kaffee weit und breit, dazu frische Salate, Quiche und regionale Spezialitäten.

Baden
Strandbäder und Badestellen am Straussee, am Langen See bei Garzin, am Schermützelsee in Buckow und am Großen Däbersee in Waldsieversdorf.
Volksbad Waldsieversdorf
mit Bootsverleih · Dahmsdorfer Str. 62 · 15377 Waldsieversdorf · (01 76) 24 24 08 92 · unterschiedl. Öffnungszeiten

Schiffstouren
Reederei Seetours
Bertolt-Brecht-Straße 11 · 15377 Buckow · (03 34 33) 2 32 · www.seetoursms.de · Apr.–Okt. 11–17 Uhr
Auch Mondscheinfahrten im Angebot.

Tour kombinierbar mit
Touren 20 und 19

N
1000 m
Gartenstadt
Strausberg Nord
Strausberg
Strausssee
St. Marienkirche
Strausberg Stadt
1
Berliner Str.
Fasanenpark
Hegermühle
Herrensee
Garzauer Str.
Schlagweg
Herrensee
Rehfelde
E.-Thälmann-Str.
Bahnhofstr.
Rehfelde
Hennickendorf
Klosterdorf
Hohenstein
Ruhlsdorf
Gladowshöhe
Pyramide
2
Garzau
Werder
Langer See
Garzin
Liebenhof
Hasenholz
Bergschäferei
Bollersdorf
B 168
Wald-
sieversdorf
Wilh.-Pieck-Str.
3
Däbersee
John-Heartfield-
Haus
Pritzhagen
Märkisc
Schwe
Scher-
mützel-
see
Brecht-Weigel-
Haus
Buckow-
see
Griepen-
see
4
Buckow
Eisenbahn-
museum
Dahms-
dorf
Müncheberg (Mark)
Schlagen-
thinsee
B 1, 5

Tour auf einen Blick

km 0	Vom *S-Bahnhof Strausberg Stadt* am Ufer des Straussees entlang, rechts in die Berliner Straße, links in die Garzauer Straße, rechts in den Schlagweg und ab hier auf dem R1 über Rehfelde nach Garzau.
km 11	Von *Garzau* weiter auf dem R1 (wenig befahrene Landstraße) über Garzin und Liebenhof nach Waldsieversdorf.
km 24	Von *Waldsieversdorf* auf dem R1 links über die Wilhelm-Pieck-Straße, an den Bahngleisen links und weiter auf dem R1 am Eisenbahnmuseum vorbei und über die Hauptstraße nach Buckow.
km 27	Von *Buckow* zurück auf der Hauptstraße und auf dem R1 entlang der Bahngleise an Waldsieversdorf vorbei zum Bahnhof Müncheberg.
km 32	*Bahnhof Müncheberg*

⇨ Abkürzung

Wer direkt in die Märkische Schweiz starten möchte, fährt nicht bis Strausberg Stadt, sondern steigt eine Station vorher am **S-Bahnhof Hegermühle** *aus. Vom Bahnhofsvorplatz geht es ein Stück geradeaus und nach etwa 100 Metern links in die Straße Am Annatal. Sie führt links auf die Garzauer Straße und weiter nach Garzau* *(► Vom S-Bahnhof Hegermühle nach Garzau, Seite 29).*

Vom S-Bahnhof Strausberg Stadt ins Zentrum von Strausberg

0 km *Vom* ***S-Bahnhof Strausberg Stadt*** *fährt man links über die Hohensteiner Chaussee, die bald zur Müncheberger Straße wird, ins Stadtzentrum. An der Großen Straße geht es rechts zum Markt.*

Es ist nur zu verständlich, dass sich in **Strausberg** ❶ schon in früheren Zeiten wohlhabende Berliner in stattlichen Seevillen niederließen: Der **Straussee** ist schon eine besondere Perle. Mit liebenswertem altem Strandbad, schönen Badestellen, Strandpromenade und reichlich Grün lockt er zu jeder Jahres- und Tageszeit. Nach und nach erstrahlt auch der alte Stadtkern um den **Fischerkietz,** der leicht erhöht über dem Seeufer liegt, in neuem Glanz. Neben dem frisch sanierten, klassizistischen **Rathaus** am Markt überrascht nicht weit davon die frühgotische **Pfarrkirche St. Marien** aus dem 14. Jahrhundert mit schön bemaltem Kreuzgewölbe und einem kostbaren Schnitzaltar aus der Zeit von 1520. Rund um die Altstadt lugen die Reste der alten Stadtmauer mit ihren turmähnlichen Ausbuchtungen hervor – die typischen Wieckhäuser. Am See gibt es nicht nur Badestellen, sondern auch eine liebenswerte, historische Badeanstalt, die allerdings zurzeit geschlossen ist. Außerdem verkehrt eine Seilfähre auf dem Wasser.

Von Strausberg zum S-Bahnhof Hegermühle

Vom Markt fährt man die Große Straße hinunter, bis rechts die Karl-Liebknecht-Straße zum Ufer des Straussees abzweigt. Beim Fähranleger folgt man der Strausseepromenade an schönen Ufervillen entlang in südlicher Richtung. Am Südzipfel des Sees biegt man rechts auf die Berliner, später Ernst-Thälmann-Straße, und folgt dem straßenbegleitenden Radweg über die Bahngleise hinweg, bis nach ca. 1 Kilometer links die Garzauer Straße abzweigt, die ein kleines Stück südlich des S-Bahnhofs Hegermühle vorbeiführt.

Vom S-Bahnhof Hegermühle nach Garzau

Man folgt der Garzauer Straße über die Bahngleise hinweg durch schattige Waldlandschaft, die Rehfelder Heide, zur Siedlung **Rehfelde.** *An den ersten Häusern zweigt rechts die Straße Schlagweg ab, dann führt der Europaradweg R1 links durch die Ernst-Thälmann-Straße und später wieder links über die Bahnhofstraße nach* ***Garzau*** ❷*, wo neben der Pyramide (▶ Abstecher unten) auch die* *11 km* *hübsche* **Feldsteinkirche** *aus dem 13. Jahrhundert Beachtung verdient.*

Abstecher zur Pyramide von Garzau

Auch wenn der Abstecher etwas beschwerlich ist – die **Pyramide von Garzau,** die 500 Meter links der Alten Heerstraße auf einem Hügel thront, sollte man nicht versäumen anzusehen. Eine Pyramide in Brandenburg? Dass sie sich hierher verirrt hat, ist dem Grafen von Schmettau zu verdanken, der im 18. Jahrhundert das umliegende Schlossareal erwarb, die Parkanlage neu gestaltete und mit einer Pyramide aus Feldsteinen krönen ließ. Nachdem sie in den folgenden Jahrhunderten zerfiel, ließ sie ein Förderverein in den letzten Jahren wieder auferstehen. Zum Teil erklingen hier im Sommer auch Konzerte. Ein Rastplatz lädt zum Picknick ein.

Von Garzau nach Waldsieversdorf

Von Garzau führt der R1 auf einer wenig befahrenen Landstraße nach **Garzin,** *wo eine hübsche Badestelle am* **Langen See** *am linken Wegesrand liegt. Dann fährt man, zum Teil auch auf kopfsteingepflasterter Straße, zur Siedlung* **Liebenhof,** *wo rechts eine bequeme Fahrradstraße durch schöne Wald- und Wiesenlandschaft abzweigt. An der Weggabelung nahe der Siedlung* **Bergschäferei** *fahren wir nicht weiter in Richtung Buckow, sondern folgen rechts dem ausge-*
24 km *schilderten Weg, der bald über die B 168 hinweg nach* ***Waldsieversdorf*** *3 führt. Rechts geht es auf der Wilhelm-Pieck-Straße durch die freundliche Siedlung, die sich um mehrere Seen herum gruppiert und von jeher bei Sommerfrischlern beliebt ist. Kurz nach dem Kultur- und Tourismuszentrum gabelt sich der Weg: links führt der R1 auf der Wilhelm-Pieck-Straße weiter nach Buckow, geradeaus kann man einen Abstecher zum John-Heartfield-Haus machen.*

Abstecher zum John-Heartfield-Haus

Am Abzweig nach Buckow lässt man den R1 links liegen und fährt weiter geradeaus in die Dahmsdorfer Straße, die einen weiten Bogen um den nördlichen Teil des **Großen Däbersees** *macht. Ganz am Ende zweigt nahe dem Volksbad und kurz vor der Weggabelung Buckow – Müncheberg rechts der Schwarze Weg ab, der den Berg hoch und zum* **John-Heartfield-Haus** *mit der Nummer 12 führt.*

John Heartfield, der Begründer der politischen Fotomontage, hatte von 1953 bis zu seinem Tode im Jahr 1968 seinen Sommersitz in Waldsieversdorf. Die Anregung dazu kam von Bertolt Brecht: „Du solltest dieses absurde Leipziger Klima endlich mit dem berühmt guten hier vertauschen. Wie ist es damit? Sollen wir uns in der Nähe Berlins umschauen? Wäre so was wie Buckow zu weit weg …?“, hatte der Dichter ihm geschrieben. Daraufhin bezog Heartfield die Turmvilla, eigentlich eine Baracke im Blockhausstil, die nach und nach zum Kleinod wurde und durch ihre idyllische Lage am bewaldeten Seeufer besticht. Innen erinnern Originalobjekte und die Ausstellung der Akademie der Künste „John Heartfield und die ‚Free German League of Culture‘ – Reproduktionen von Fotomontagen und Archivalien aus dem englischen Exil“ an den Künstler, der 1938 vor den Nazis nach London geflohen war (John-Heartfield-Haus

Verwunschene Sommerresidenz – das John-Heartfield-Haus in Waldsieversdorf

· Schwarzer Weg 12 · (03 34 1) 30 81 61 · www.heartfield.de · Mai–Sep. Sa 13–18, So 13–17 Uhr, zusätzlich in Juli/Aug auch Fr 14–18 Uhr, · Führungen außerhalb der Öffnungszeiten sind nach Absprache möglich · Eintritt frei, Spenden erwünscht).

*Vom John-Heartfield-Haus geht es zurück zur Dahmsdorfer Straße, wo der R1 in zwei Richtungen an den Bahngleisen entlangführt: Rechts geht es nach Müncheberg, links ins etwa 2,5 Kilometer entfernte Buckow. Auf dem Weg nach Buckow kann man rechts noch das Eisenbahnmuseum (**▶ Seite 32**) besichtigen.*

Von Waldsieversdorf nach Buckow

Von Waldsieversdorf führt der R1 zunächst geradeaus, bis er sich an den Bahngleisen gabelt: Rechts geht es nach Müncheberg, doch folgen wir zunächst links dem Hinweisschild ins etwa 2,5 Kilometer entfernte Buckow. Auf dem Waldweg geht es rasant bergab, bis man am **Eisenbahnmuseum** *ankommt. In dem kleinen Museum im stillgelegten Buckower Bahnhof gibt es allerlei ausgemusterte Schienenfahrzeuge und eine Kleinlok von 1934 zu sehen (Eisenbahnmuseum ·*

(03 34 33) 5 75 78 · www.buckower-kleinbahn.de · Mai–Anfang Okt. Sa/So/Fei 10.30–17 Uhr · 2 € / 1,50 €, Kleinbahnfahrten, ab 9.55 Uhr, 5 €, hin und zurück 7 €, erm. 2 € hin und zurück 3,50 €). An Sommerwochenenden verkehrt auch eine Museumsbahn zwischen Buckow und Müncheberg (Kleinbahnfahrten Mai–Anfang Okt. ab Buckow Sa/So/Fei stündlich 9.50–11.50 und 14.25–17.25 Uhr, immer mit Anschluss an den RB 26 nach Lichtenberg). Vom Eisenbahnmuseum führt die Hauptstraße ins Zentrum von ***Buckow,*** *das sich malerisch zwischen grüne Hügel und drei Seen – den Buckowsee, den Schermützelsee und den Griepensee – schmiegt. Die Seepromenaden laden zum Flanieren ein, am Markt mit der Stadtpfarrkirche animieren mehrere Lokale mit ihren Terrassen zum Verweilen. Rechts liegt der freundliche Schlosspark am Griepensee, links der Buckowsee, dahinter geht es zum Bertolt-Brecht-Haus am Schermützelsee. Ein Stück weiter starten auch die Ausflugsdampfer von der Schiffsanlegestelle in nächster Nähe zum Strandbad.*

27 km

Mit der Einsamkeit Garzaus und Waldsieversdorfs ist es in **Buckow** ❹ vorbei. In dem beschaulichen Luft- und Kneippkur-

Buckow: Wasser, wohin man sieht

ort herrscht in der Sommersaison reges Treiben, wenn sich zahlreiche Ausflügler unter die Patienten der Reha-Klinik mischen. 1253 urkundlich erwähnt, wurde hier lange Zeit Hopfen und Wein angebaut – bis der Gesundheitstourismus diesen Wirtschaftszweig ablöste. „Majestät, in Buckow geht die Lunge auf Samt", lobte schon der Leibarzt Friedrich Wilhelms IV. die gute Luft der Gegend. In der Folgezeit kamen viele Prominente hierher, um sich im warmen Mikroklima zu erholen und durch den barocken **Schlosspark am Griepensee** zu wandeln. Heute ist der Schlosspark im Sommer Kulisse der Konzertreihe „Klassik im Grünen" (Karten beim Touristinformation Märkische Schweiz · (03 34 33) 15 00 31 · www.amt-maerkische-schweiz.de/tourismus/). Wohlhabende Berliner ließen sich am Ufer des Schermützelsees verspielte Sommerhäuser errichten. Auch Egon Erwin Kisch verbrachte 1927 eine Zeitlang im heutigen Hotel und Restaurant Johst am See. Nach ihm machte Bertolt Brecht von 1952 an immer wieder schöpferische Pausen in seinem Sommerhaus am Ufer des Schermützelsees. Hauptattraktion ist so auch Brechts ehemaliges Refugium, die sogenannte Eiserne Villa im Jugendstil. 1911 vom Bildhauer Georg Roch erbaut, eröffnet das elegante Atelierhaus mit der großen Fensterfront einen wunderbaren Blick auf den See – vielleicht hat er Brecht zu seinem Gedichtzyklus *Buckower Elegien* inspiriert. Heute erinnern im **Brecht-Weigel-Haus** nicht nur viele Möbel, Fotos, Schriftdokumente und der berühmte Planwagen aus der Mutter Courage-Inszenierung von 1949 an die Sommerfrischler. Im Rahmen des Buckower Literatursommers finden hier auch regelmäßig Lesungen und Konzerte statt (Bertolt-Brecht-Straße 30 · 15377 Buckow · (03 34 33) 4 67 · www.brechtweigelhaus.de · Apr.–Okt. Mi–Fr 12–17, Sa/So 12–18 Uhr, Winter Mi–So 11–16 · 5 €/ 3 €).

Von Buckow zum Bahnhof Müncheberg

Von Buckow geht es zunächst auf demselben Weg zurück nach Waldsieversdorf, wobei einige Steigungen zu überwinden sind, und dort weiter geradeaus an den Bahngleisen entlang. Nach ca. 2 Kilometern erreicht man auf der Münchehofer Straße den ***Bahnhof,*** *der* **32 km** *außerhalb des Stadtzentrums liegt. Wer* **Müncheberg** *anschauen möchte, fährt weitere 3 Kilometer bis ins Zentrum (**► Seite 155**).*

4 Vom Langen See zum Müggelsee

Start	Ziel	Länge	Fahrzeit
S-Bhf. Grünau	S-Bhf. Friedrichshagen	20 km	2,5 Std.

Wer hat nicht schon von ihm gehört – dem Müggelsee, der Berlins größter See und seit langem beliebtes Ausflugsziel ist. Entsprechend viele, zum Teil hundertjährige Traditionslokale sind neben dichten Wäldern an seinen Ufern zu finden – außerdem ein Strandbad, ein FKK-Strand und schöne Badestellen. Zum Schwimmen lädt aber auch der Lange See ein. Zwar ist er nicht ganz so prominent. Umso idyllischer ist die Umgebung des Gewässers. Rund dreizehn Kilometer lang und von der Dahme durchflossen ist es eigentlich eine Seenkette, die ihren Beginn südlich von Grünau bei Schmöckwitz hat und an der Köpenicker Altstadtinsel, wo die Dahme in die Spree fließt, endet.

Tiefblaues Wasser gesäumt von alten Bäumen – der Müggelsee

Infos zur Tour

Anfahrt
S-Bahnhof Grünau
(ab S-Bhf. Berlin-Südkreuz mit S46, alle 20 Min., ca. 26 Min., ab S-Bhf. Ostkreuz mit S8, alle 20 Min., ca. 19 Min.)

Rückfahrt
S-Bahnhof Friedrichshagen
(alle 10–20 Min. mit S3 nach Berlin Hbf., ca. 33 Min.)

Streckenverlauf
Grünau – Wendenschloss – Müggelheim – Müggelsee – Friedrichshagen

Streckencharakteristik
Landschaftlich reizvolle Tour auf teils asphaltierten Radwegen, teils gut befahrbaren Waldwegen, mit einigen Abschnitten auf wenig befahrenen Straßen mit Kopfsteinpflaster.

Schwierigkeit
Einfach, kaum Steigungen

Für Kinder
Ja

Beschilderung
R1 und Spreeradweg ab Weggabelung bei Müggelheim/Neuhelgoländer Weg bis kurz vor Friedrichshagen

Einkehren
Die Seen sind beliebte Ausflugsziele, entsprechend groß ist die Dichte der Ausflugslokale und Biergärten – vor allem im Umkreis des Müggelsees.

Schmetterlingshorst
Zum Schmetterlingshorst 2 · 12559 Berlin · (0 30) 61 67 48 61 · www.schmetterlingshorst.de · Im Sommer Mo–Fr/So 10–19, Sa 10–20 Uhr · Im Winter eingeschränkte Öffnungszeiten
Imbissauschank mit Schmetterlingssammlung in den Innenräumen.

Gasthaus Müggelheim · Müggelheim
Alt-Müggelheim 15 · 12559 Berlin, OT Müggelheim · (0 30) 64 83 67 24 · www.gasthaus-mueggelheim.de · Sommer Di–Do 12–21, Fr–So 12–22 Uhr, im Winter tgl. bis 21 Uhr
Traditionshaus mit Biergarten und gutbürgerlicher Küche.

Domaines Seelounge · Friedrichshagen
Josef-Nawrocki-Staße 22 · 12587 Berlin-Friedrichshagen · (0 30) 64 09 18 79 · www.domaines-berlin.de · Mo/ Fr ab 15, Sa/ So/ Fei 12–22 Uhr
Feine deutsch-französische Küche, auch auf der Terrasse im Park.

Baden
Badestellen am Langen See, am Kleinen und am Großen Müggelsee, außerdem Seebad Wendenschloss (Mai-Sep. ab 10 Uhr) · (► Seite 36),
Strandbad Müggelsee
Fürstenwalder Damm 838 · in der Regel Mai-Sep. 9–21 Uhr, weiter freier Eintritt und provisorisch
Seebad Friedrichshagen
Müggelseedamm 216 · (0 30) 645 57 56 · Juni–Aug. Tgl. 10–19 Uhr · 7 € / 4,50 € / Familien 18,50 €

Tour auf einen Blick

km 0	Vom S-Bahnhof ***Grünau*** zum Dahme-Ufer und mit der Fähre nach Köpenick-Wendenschloss. Am Nordufer des Langen Sees entlang zur Halbinsel Krampenburg, links durch den Wald und rechts über die Sobernheimer Straße nach Müggelheim.
km 9	Von ***Müggelheim*** über die Odernheimer Straße, den Neuhelgoländer Weg (kurzes Stück) und links auf dem R1 zum Müggelsee. Durch den Wald auf dem R1 um den See und durch den Spreetunnel (Fahrrad muss über Treppen getragen werden) nach Friedrichshagen und zum Bahnhof (Hinweisschildern folgen).
km 20	***S-Bahnhof Friedrichshagen***

Vom S-Bahnhof Grünau nach Müggelheim

0 km *Ausgangspunkt der Tour ist* ***Grünau,*** *das schon seit dem Bau der Bahnstation 1866 ein beliebtes Ausflugsziel der Berliner ist. Um zum Ufer der Dahme zu gelangen, überquert man vor dem S-Bahnhof die Straße Adlergestell und fährt die Wassersportallee bis zur Anlegestelle der Fähre F12 hinunter. In wenigen Minuten bringt einen die von hier in den Köpenicker Villenvorort* **Wendenschloss** 1 *am anderen Ufer (BVG-Fähre F12 · ganzjährig alle 10–20 Min. · es gelten BVG-Tickets).*

In Wendenschloss fährt man zunächst geradeaus in die Müggelbergallee und biegt an der zweiten Straße rechts ab in die Wendenschlossstraße. Am Ende geht es dann links am Möllhausenufer und weiter am Wasser entlang durch einen schattigen Mischwald mit hohen Eichen und Buchen, der später in Kiefernwald übergeht und immer wieder schöne Ausblicke auf den **Langen See** *eröffnet. Auf ihm verläuft die traditionelle Regattastrecke, die zu den Olympischen Spielen von 1936 benutzt wurde. Vorbei am Seebad Wendenschloss und dem Ausflugslokal Schmetterlingshorst fährt man immer weiter auf dem ufernahen Waldweg bis zur* **Halbinsel Krampenburg,** *wo der Wasserarm Große Krampe abzweigt (Strandbad Wendenschloss · Möllhausenufer 30 · (0 30) 84 51 89 07 · Juni–Sep. 10–20 Uhr). Hier biegt man scharf links ab und folgt der Straße Am Krampenburg am Zeltplatz Kuhle Wampe vorbei in den Wald, bis rechts die Sobernheimer Straße abzweigt. Auf dieser er-*
9 km *reicht man* ***Müggelheim.***

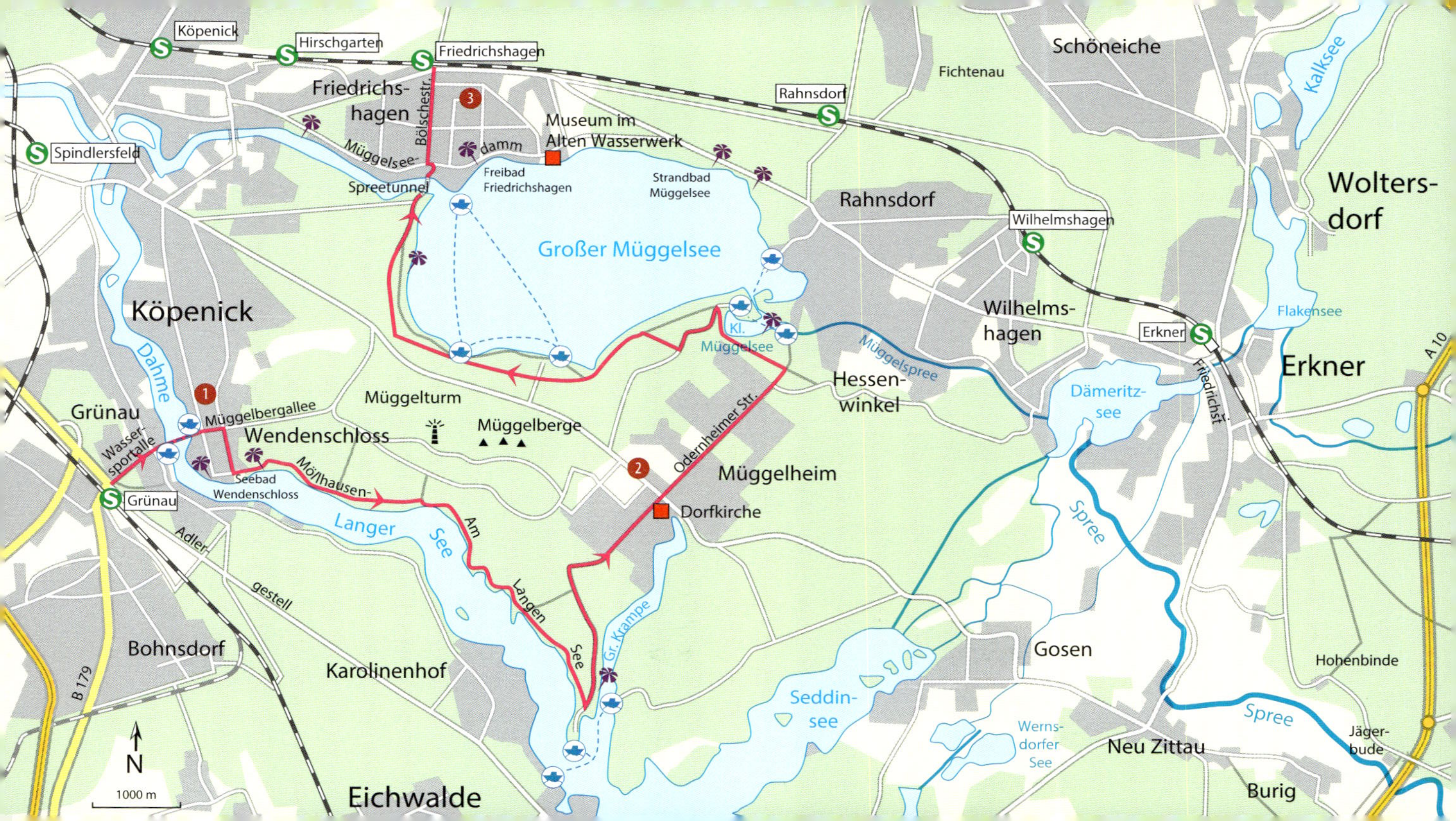

Köpenick
Hirschgarten
Friedrichshagen
Schöneiche
Fichtenau
Rahnsdorf
Kalksee
Spindlersfeld
Friedrichs-
hagen
Bölschestr.
Museum im
Alten Wasserwerk
Müggelsee-
damm
Freibad
Friedrichshagen
Strandbad
Müggelsee
Spreetunnel
Rahnsdorf
Wilhelmshagen
Wolters-
dorf
Großer Müggelsee
Köpenick
Wilhelms-
hagen
Flakensee
Erkner
Kl.
Müggelsee
Müggelspree
Erkner
Dahme
Hessen-
winkel
Dämeritz-
see
Friedrichst.
A 10
Grünau
Müggelbergallee
Müggelturm
Müggelberge
Wendenschloss
Wasser-
sportalle
Odernheimer Str.
Müggelheim
Seebad
Wendenschloss
Möllhausen-
Grünau
Dorfkirche
Langer
See
Am
Spree
Adler-
gestell
Langen
See
Gr. Krampe
Gosen
Hohenbinde
Bohnsdorf
Karolinenhof
Seddin-
see
Werns-
dorfer
See
Neu Zittau
Spree
Jäger-
bude
B 179
N
1000 m
Eichwalde
Burig

1747 von Kolonisten aus der Pfalz gegründet, denen Friedrich der Große Land zur Verfügung gestellt hatte, besticht das kleine **Müggelheim** 2 mit seinem hübschen Dorfanger. Neben der Kirche und dem Traditions-Gasthaus steht dort auch noch die alte Schule, in der früher ein Schulmeister auf Kosten des preußischen Königs den Kindern Lesen und Schreiben beibrachte. Heute sorgt hier der Heimatverein im Dorfclub für ein reges Kulturleben.

Auf bequemem Asphalt durch den Wald

Von Müggelheim zum Müggelsee

Man durchquert den hübschen Dorfkern von Müggelheim und fährt weiter geradeaus auf der Odernheimer Straße aus dem Ort hinaus in Richtung Müggelsee. An der Weggabelung folgt man kurz dem Neuhelgoländer Weg, der zum Kleinen Müggelsee mit Badestelle und dem Ausflugslokal Neu-Helgoland führt, um bald links in den Europaradweg R1 abzubiegen und der Ausschilderung nach Köpenick zu folgen. Jetzt geht es mal mehr, mal weniger nah am Ufer des Müggelsees entlang – direkt am Ufer verläuft ein schlechter zu befahrener und von Spaziergängern frequentierter Wanderweg.

Viele Mythen und Legenden ranken sich um den **Müggelsee,** durch den die Müggelspree fließt und der mit 7,5 Quadratkilometern Fläche Berlins größter See ist. Entstanden ist das Gewässer als Relikt der Eiszeit, als das Schmelzwasser durch das Urstromtal abfloss. Sein Name geht auf das slawische Wort „Mighla" für Nebel oder Wolke zurück – tatsächlich kann es hier mitunter neblig sein. Ansonsten bietet die riesige Wasserfläche, auf der sich Surfer, Segler und Ausflugsdampfer tummeln, einen schönen Anblick.

Vom Großen Müggelsee nach Friedrichshagen

Am Hotel Müggelsee und dem Ausflugslokal Rübezahl vorbei fährt man bis zur Abzweigung nach Köpenick, verlässt hier den Europaradweg und folgt rechts der Ausschilderung nach Friedrichshagen. Nun geht es durch den **Spreetunnel,** *wo man das Fahrrad über* *relativ steile Treppen tragen muss. 1926/27 erbaut, war die Unterführung eine einzigartige technische Leistung, denn es wurden vorgefertigte Tunnelteile in die Spree abgesenkt. Auf der anderen Seite fährt man durch den Müggelpark und folgt der Ausschilderung erst durch die Scharnweberstraße, dann links über den Müggelseedamm und wieder rechts durch die breite Bölschestraße zum* ***S-Bahnhof Friedrichshagen.*** ***20 km***

Friedrichshagen 3 überrascht mit einigen prächtigen Bürgerhäusern und breiten Straßen, die noch das Flair der vorletzten Jahrhundertwende verbreiten. Kein Wunder: Um 1900 zog es viele großstadtmüde Bohemiens und Intellektuelle in das ehemalige Kolonistendorf, die sich zum Friedrichshagener Dichterkreis zusammenfanden. Zu den Mitgliedern und dem Umfeld des Kreises gehörten Künstlergrößen wie Gerhart Hauptmann, Else Lasker-Schüler, Rainer Maria Rilke, Edvard Munch oder August Strindberg (Dichterkreismuseum (im Antiquariat Brandel) · Scharnweberstraße 59 · (0 30) 6 41 11 60 · Mi–Fr 12–18· Eintritt frei).

Besonders stolze Gebäude mit Geschäften und Cafés finden sich in der **Bölschestraße,** die nach dem Naturforscher und Schöngeist Wilhelm Bölsche benannt ist. Sehenswert ist außerdem das **stillgelegte Wasserwerk** am Nordufer des Müggelsees, das heute ein Museum ist (Museum im Alten Wasserwerk · Müggelseedamm 307 · 12587 Berlin · nur auf Anfrage und im Rahmen von Führungen zu besichtigen · (0 30) 86 44 63 93 · Terminbuchung: https://www.bwb.de/de/fuehrungen.php). Der typisch märkische Backsteinbau im neugotischen Stil beherbergte 1893 das damals modernste Wasserwerk Europas. Im früheren Schöpfmaschinenhaus wird jetzt mit drei originalen Dampfmaschinen und anderen Exponaten die Geschichte der Wasserversorgung Berlins veranschaulicht.

Das stillgelegte Wasserwerk

Erkner – Fürstenwalde

5 Am grünen Strand der Spree

Start	Ziel	Länge	Fahrzeit
S-Bhf. Erkner	Bhf. Fürstenwalde	37 km	3,5 Std.

Ganze 420 Kilometer lang ist der Spreeradweg, der dem Fluss von seinen Quellen in der Oberlausitz bis zu seiner Mündung in die Havel in Berlin folgt. Eine besonders schöne und bequeme Etappe ist die Strecke von Erkner nach Fürstenwalde, die durch viel Wald führt und damit die grüne Seite der Spree offenbart. Zwischendurch lassen sich der Rathauspark, die Honigkirche von Neu Hartmannsdorf sowie die Galerie Kunst und Kuchen am Wegesrand entdecken, bevor es ins geschichtsträchtige Fürstenwalde geht.

Die Spree bei Fürstenwalde ist auch bei Fischern beliebt

Infos zur Tour

Anfahrt
S-Bahnhof Erkner
(S3 alle 20 Min., ca. 30 Min. ab S-Bhf. Ostkreuz, oder RE 1 alle 30 Min., ca. 35 Min. ab Berlin Hbf.)

Rückfahrt
Bahnhof Fürstenwalde
(RE 1 alle 30 Min., ca. 47 Min. bis Berlin Hbf.)

Streckenverlauf
Erkner – Hohenbinde – Jägerbude – Burig – Steinfurt – Hartmannsdorf – Neu Hartmannsdorf – Kirchhofen – Mönchwinkel – Hangelsberg – Fürstenwalde

Streckencharakteristik
Bequem zu fahrende Tour auf meist asphaltierten Radwegen bzw. -straßen, vielfach durch Wald. Achtung: Im Gebiet der Sumpfwiesen gibt es viele Mücken!

Schwierigkeit
Einfach

Für Kinder
Nur bedingt (da die Strecke zwar einfach zu fahren, aber recht lang ist und für Kinder wenig Attraktionen bietet)

Beschilderung
Spreeradweg (ganze Strecke)

Einkehren
Am Wegesrand gibt es immer wieder kleine Gaststätten, in der Saison auch Gartenlokale, die zu einer Erfrischung einladen. Trotzdem sollte man etwas Proviant und vor allem Getränke dabeihaben.

Holly's Galeriecafé · Hartmannsdorf
Schulstr. 2 · 15528 Hartmannsdorf · (03 36 33) 6 60 91 · Do–So 11–17 Uhr
Radfahrer sind regelmäßig begeistert von den üppigen Kuchenportionen, die Holly, ein wirkliches Original, serviert.

Restaurant & Café M5 · Fürstenwalde
Mühlenstraße 5 · 15517 Fürstenwalde · (0 33 61) 37 66 57 · www.restaurantm5.de · Mo–Fr 11.30–18, Sa 12–17 Uhr
Guter Kaffee und kleine Gerichte vom Flammkuchen bis zum Linseneintopf.

Baden
Spaßbad Schwapp
Große Freiheit 1 · 15517 Fürstenwalde · (0 33 61) 3 63 70 · www.schwapp.de · Do–So. 10–20 Uhr · Sauna Mi–So 10–20 Uhr

Tour kombinierbar mit
Tour 19

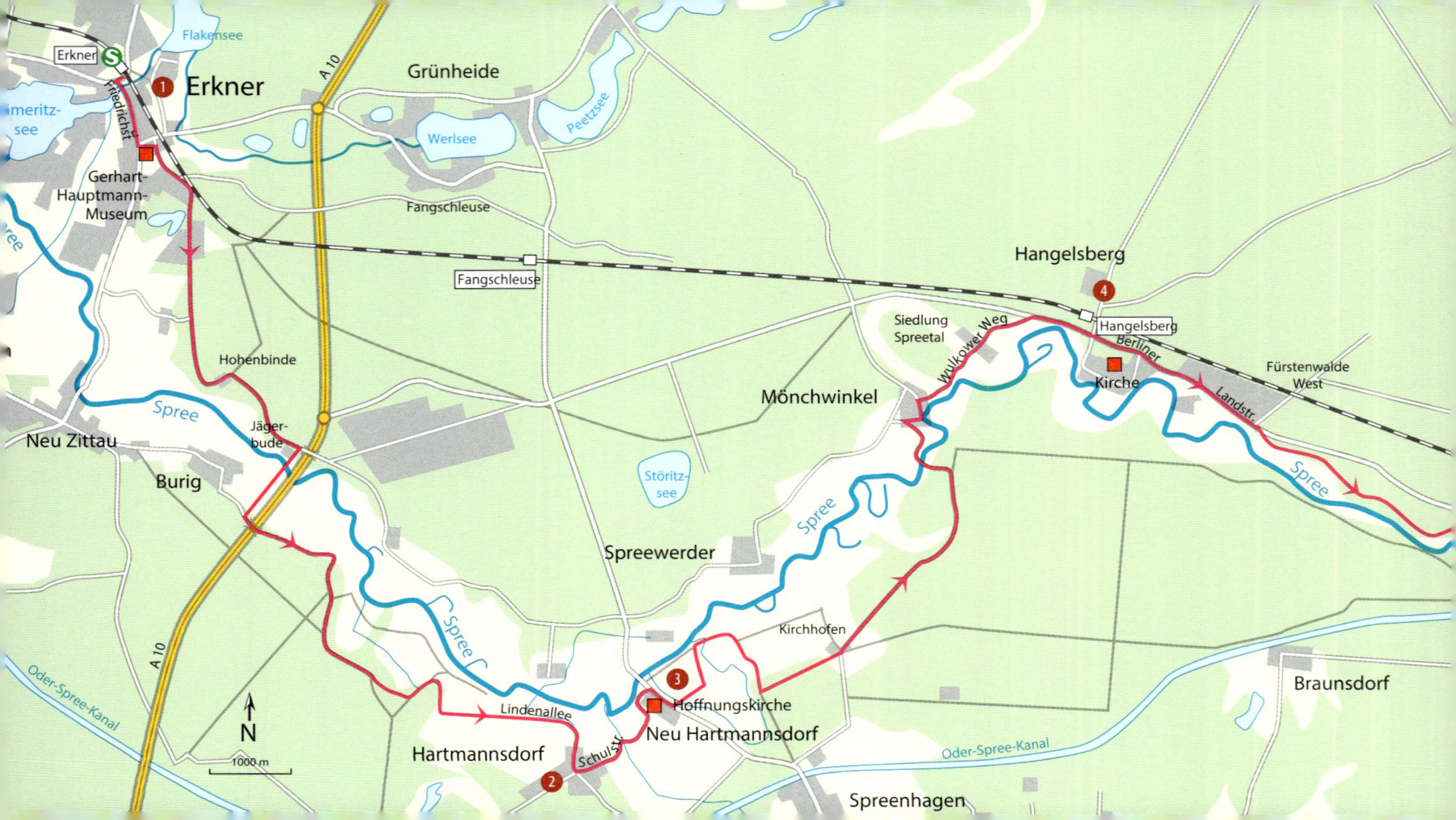
Erkner
Erkner
Flakensee
Friedrichst.
Gerhart-Hauptmann-Museum
meritz-see
Grünheide
Werlsee
Peetzsee
A 10
Fangschleuse
Fangschleuse
Hangelsberg
Hangelsberg
Siedlung Spreetal
Wulkower Weg
Berliner
Kirche
Landstr.
Fürstenwalde West
Hohenbinde
Jäger-bude
Neu Zittau
Burig
Spree
Mönchwinkel
Störitz-see
Spreewerder
Kirchhofen
Hoffnungskirche
Neu Hartmannsdorf
Lindenallee
Schulstr.
Hartmannsdorf
Spreenhagen
Braunsdorf
Oder-Spree-Kanal
N
1000 m
1
2
3
4

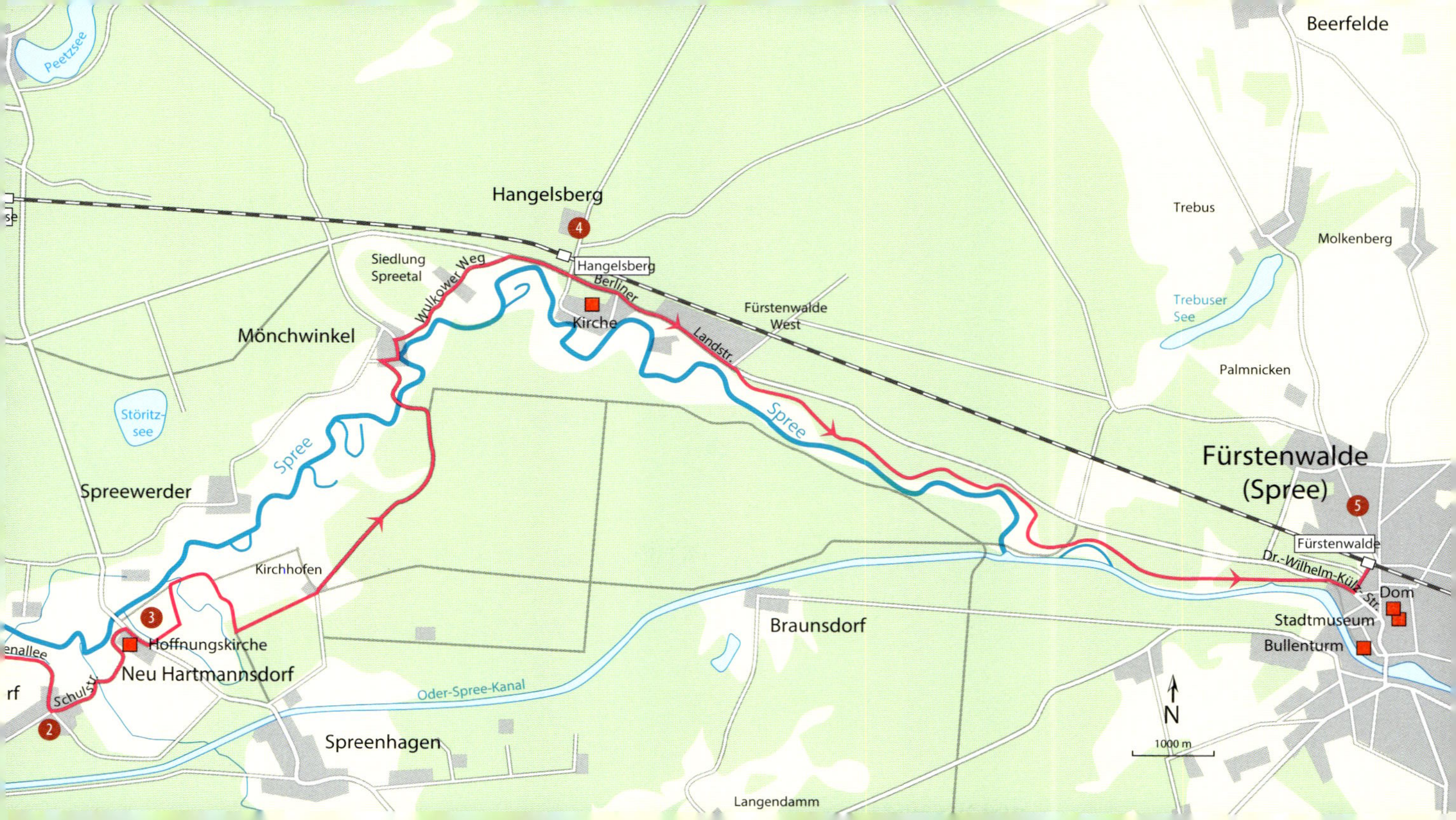
Beerfelde
Peetzsee
Hangelsberg
Trebus
Molkenberg
Siedlung
Spreetal
Wulkower Weg
Hangelsberg
Berliner
Kirche
Fürstenwalde
West
Trebuser
See
Mönchwinkel
Landstr.
Palmnicken
Störitz-
see
Spree
Spree
Fürstenwalde
(Spree)
Spreewerder
5
Fürstenwalde
Kirchhofen
Dr.-Wilhelm-Külz-Str.
Dom
3
Stadtmuseum
Braunsdorf
Hoffnungskirche
Bullenturm
Neu Hartmannsdorf
Schulstr.
Oder-Spree-Kanal
N
2
4
1000 m
Spreenhagen
Langendamm

Tour auf einen Blick

km 0	Vom ***S-Bahnhof Erkner*** rechts und durch den Kreisverkehr links über die Friedrichstraße ins Zentrum. Weiter über die Gerhart-Hauptmann-Straße und auf dem Spreeradweg über Hohenbinde, Jägerbude nach Burig. Links über die Autobahn hinweg durch den Wald nach Hartmannsdorf.
km 14	Von ***Hartmannsdorf*** über die Lindenallee und scharf links über die Schulstraße nach Neu Hartmannsdorf. Weiter über Mönchwinkel und rechts auf dem Berliner Damm nach Hangelsberg.
km 25	Von ***Hangelsberg*** auf der Berliner Landstraße und dem Spreeradweg nach Fürstenwalde und auf der Bahnhofstraße in nördlicher Richtung zum Bahnhof.
km 37	***Bahnhof Fürstenwalde***

Vom S-Bahnhof ins Stadtzentrum von Erkner

0 km *Vom* ***S-Bahnhof Erkner*** *geht es rechts durch die Unterführung und danach am Kreisverkehr gleich wieder links in die Friedrichstraße. Nach ca. 1,5 Kilometern erreicht man das Gerhart-Hauptmann-Museum in der Villa Lassen, die auf der linken Straßenseite an der Ecke Gerhart-Hauptmann-Straße liegt.*

Das **Gerhart-Hauptmann-Museum** ❶ ist zurzeit leider geschlossen. Es sollte umgebaut werden, doch die Pläne wurden aus finanziellen Gründen zwischenzeitlich auf Eis gelegt. Auf dem Weg zum Gerhart-Hauptmann-Museum, auf der Friedrichstraße, ist auch noch das leuchtend rote Rathaus zu bestaunen, das einst als Sommersitz des Klavierfabrikanten Bechstein diente. Hinter dem Gebäude erstreckt sich heute der Rathauspark bis zum Ufer des Dämeritzsees, wo sich einst der Garten des Anwesens befand.

Von Erkner nach Hartmannsdorf

Von der Villa Lassen folgt man der Gerhart-Hauptmann-Straße in Richtung Hohenbinde – ab hier ist die Strecke auf dem Spreeradweg bzw. Müggel-Spree-Radweg nach Fürstenwalde gut ausgeschildert. An den letzten Siedlungshäusern vorbei geht es durch Kiefernwald nach **Hohenbinde** *und* **Jägerbude,** *wo der Weg vor der Brücke rechts an einem Campingplatz vorbeiführt. Danach überquert man die*

Spree und fährt an Sumpfwiesen und Weideland vorbei nach **Burig.** *An der Weggabelung überquert man links die Autobahn Berliner Ring und gelangt durch hohen Kiefernwald nach* ***Hartmannsdorf.*** *14 km*

Das gepflegte Straßendorf **Hartmannsdorf** ❷ mit seinen gut 700 Einwohnern geht bereits auf das 16. Jahrhundert zurück.

Von Hartmannsdorf nach Neu Hartmannsdorf

In Hartmannsdorf fährt man weiter auf der Lindenstraße, biegt am Wirtshaus Zum Lindeneck scharf links in die Schulstraße ein und folgt den Hinweisschildern Richtung Mönchswinkel. Wer will, kann sich unterwegs im urigen **Holly's Galeriecafé** *(▶ Seite 41) noch mit dem legendären Blechkuchen stärken. Nach etwa 1,5 Kilometern erreicht man den Ortsteil* **Neu Hartmannsdorf** ❸, *wo man rechts in die Landstraße einbiegt. Dort steht auch die grün angestrichene Hoffnungskirche.*

Der aus Bienenwachs gestaltete Altar in der Hoffnungskriche

Die Hoffnungskirche wird im Volksmund auch Honigkirche genannt – seitdem die Künstlerin Brigitte Trennhaus den Altar und die Altarwand mit rund 800 Kilogramm Bienenwachs überzogen hat (wenn die Kriche geschlossen ist, kann man ihn bei Frau Marianne Stein (03 36 33) 6 61 53), Neu Hartmannsdorfer Str. 10 oder bei Christina Sommerfeld (03 36 33) 4 53 abholen.

Von Neu Hartmannsdorf nach Hangelsberg

Von der Hoffnungskirche fährt man ca. 100 Meter weiter auf der Landstraße, bis links die asphaltierte Radstraße nach Fürstenwalde abzweigt. Diese besonders schöne Strecke führt durch idyllische Wald- und Wiesenlandschaft nach ca. 6 Kilometern über **Kirchhofen** *nach* **Mönchwinkel** *und nach weiteren 3 Kilometern nach Hangelsberg. Aus dem Wulkower Weg kommend biegt man rechts in den Berliner Damm und folgt dem Radweg neben der Berliner Landstraße durch das rund 6 Kilometer lange* ***Hangelsberg.*** *25 km*

Südlich des Berliner Damms liegt der älteste Teil von **Hangels-**

berg ❹, das bereits 1644 erstmals erwähnt wurde. Hier steht auch die denkmalgeschützte **Kirche** von 1928 im Stil der Neuen Sachlichkeit.

Von Hangelsberg nach Fürstenwalde

Am Ortsende von Hangelsberg beginnt schließlich der schönste Abschnitt der Tour. Nachdem man den Ort auf der Landstraße durchquert hat, zweigt rechts eine Radstraße ab, die durch dichten Mischwald zu den Spreeauen und dort immer an der träge fließenden Spree entlang führt. In sanften Kurven windet sich der Weg in Richtung Fürstenwalde, am Wegesrand liegen Lichtungen und Rastplätze, in Fürstenwalde auch einige Gartenlokale mit Spreeblick. Auf der Dr.-Wilhelm-Külz-Straße erreicht man das historische Zentrum. An der Ecke Bahnhofstraße hält man sich rechts.

Dank der guten Beschilderung sind die Sehenswürdigkeiten der 750 Jahre alten Stadt **Fürstenwalde** ❺ gut zu finden. Bedeutendstes Bauwerk ist der **Dom St. Marien** mit seinem 68 Meter hohen Turm. 1446 erbaut, wurde er mehrfach zerstört und wieder aufgebaut. Der große, dreischiffige Innenraum wurde so erneuert, dass er heute für verschiedene Zwecke genutzt werden kann. Nicht weit vom Dom entfernt steht das alte **Rathaus** aus dem 15. Jahrhundert mit seinem prunkvollen Festsaal am Marktplatz. Sein Turm wurde erst 1624 hinzugefügt. Weiteres markantes Bauwerk ist das Bürgerhaus zwischen Dom und Marktplatz, das heute das **Stadtmuseum** beherbergt (Domplatz 7 · (0 33 61) 21 30 · www.museum-fuerstenwalde.de · aktuelle Öffnungszeiten siehe Homepage · 4 € / 2 €/ Familien 10 €). Weiterhin sehenswert sind das **Niederlagetor,** wo im Mittelalter die Waren der Kaufleute ausgebreitet, also „niedergelegt" wurden, und der wuchtige **Bullenturm,** der Teil der Stadtmauer ist. Beide stehen am Goetheplatz.

Vom Stadtzentrum zum Bahnhof Fürstenwalde

Zurück an der Ecke Dr.-Wilhelm-Külz-Straße/Bahnhofstraße führt die Bahnhofstraße in nördlicher Richtung nach ca. 1 Kilometer zum
37 km **Bahnhof.** *Bevor man in den Zug steigt, sollte man noch einen Blick auf das* **Bahnhofsgebäude** *werfen: 1842 in Betrieb genommen, gehört es zu den ältesten Deutschlands.*

Vom Nottekanal zum Lido Berlins 6

Start	Ziel	Länge	Fahrzeit
S-Bhf. Königs Wusterhausen	S-Bhf. Blankenfelde	26 km	3 Std.

Liebster Aufenthaltsort des Soldatenkönigs Friedrich Wilhelm I. war das Jagdschloss Königs Wusterhausen. Aufwendig restauriert ist es Hauptattraktion des gleichnamigen Städtchens und Ausgangspunkt der Tour. Von hier aus geht es am idyllischen Nottekanal entlang in die geschichtsträchtige Paul-Gerhardt-Stadt Mittenwalde. Durch Wiesen und Felder, wo der Blick in die Weite schweift, erreicht die Tour ihren landschaftlichen Höhepunkt mit dem Rangsdorfer See. Der „Lido Berlins", wie er in den 1930er-Jahren getauft wurde, war schon früher ein beliebtes Ausflugsziel und lädt zu einer Pause am Wasser ein.

Zwischen Mittenwalde und Rangsdorf

Infos zur Tour

Anfahrt
S-Bahnhof Königs Wusterhausen (S46 alle 20 Min., ca. 43 Min. ab S-Bhf. Südkreuz)

Rückfahrt
S-Bahnhof Blankenfelde (S2 alle 20 Min., ca. 26 Min. bis S-Bhf. Südkreuz oder RE5 stündlich, ca. 20 Min. bis S-Bhf. Südkreuz)

Streckenverlauf
Königs Wusterhausen – Mittenwalde – Groß Machnow – Rangsdorf – Blankenfelde

Streckencharakteristik
Abwechslungsreiche Tour auf stellenweise etwas holperigen oder sandigen Wander- und Feldwegen (2 Kilometer auf einem Platten-Feldweg nach Groß Machnow, Waldstück von Rangsdorf nach Blankenfelde), z. T. auch auf asphaltierten Fahrradwegen.
Achtung: Im Gebiet des Nottekanals und des Rangsdorfer Sees ist mit Mücken zu rechnen.

Schwierigkeit
Einfach

Für Kinder
Ja

Beschilderung
Lokale Ausschilderung

Einkehren
Café und Gaststätte Zur Post · Mittenwalde
Yorckstr. 55 · 15749 Mittenwalde · (03 37 64) 2 03 45 · Di–So 11.30–22 Uhr
Gutbürgerliche Küche, selbst gebackener Kuchen, auch auf der Terrasse.

Seehotel Berlin-Rangsdorf
Am Strand 1 · 15834 Rangsdorf · (0 33 70) 9 28 80 · www.see-hotel-berlin.de · Mo–Fr 12–22 (warme Küche bis 20 Uhr) Sa/So 12–22 (warme Küche bis 20 Uhr), außerdem ab 14 Uhr Kaffee und Kuchen.
Das Haus besticht mit seiner Terrasse am See. Gutbürgerliche Küche, Kaffee und Kuchen, außerdem gibt es einen Ruder- und Tretbootverleih.

Osteria Mittenwalde
Yorckstr. 13–14 · 15749 Mittenwalde · (0 33 76) 4 24 42 81 · http://osteria-mw.de/ · So–Do 11–23, Fr/Sa/Fei bis 24 Uhr
Italienische Küche mit großer Auswahl an Pizza, Pasta, Salaten, Grillgerichten zu gehobenen Preisen.

Baden
Seebad und Badestellen am Rangsdorfer See (öffentlich zugänglich, nahe Seehotel Berlin-Rangsdorf)

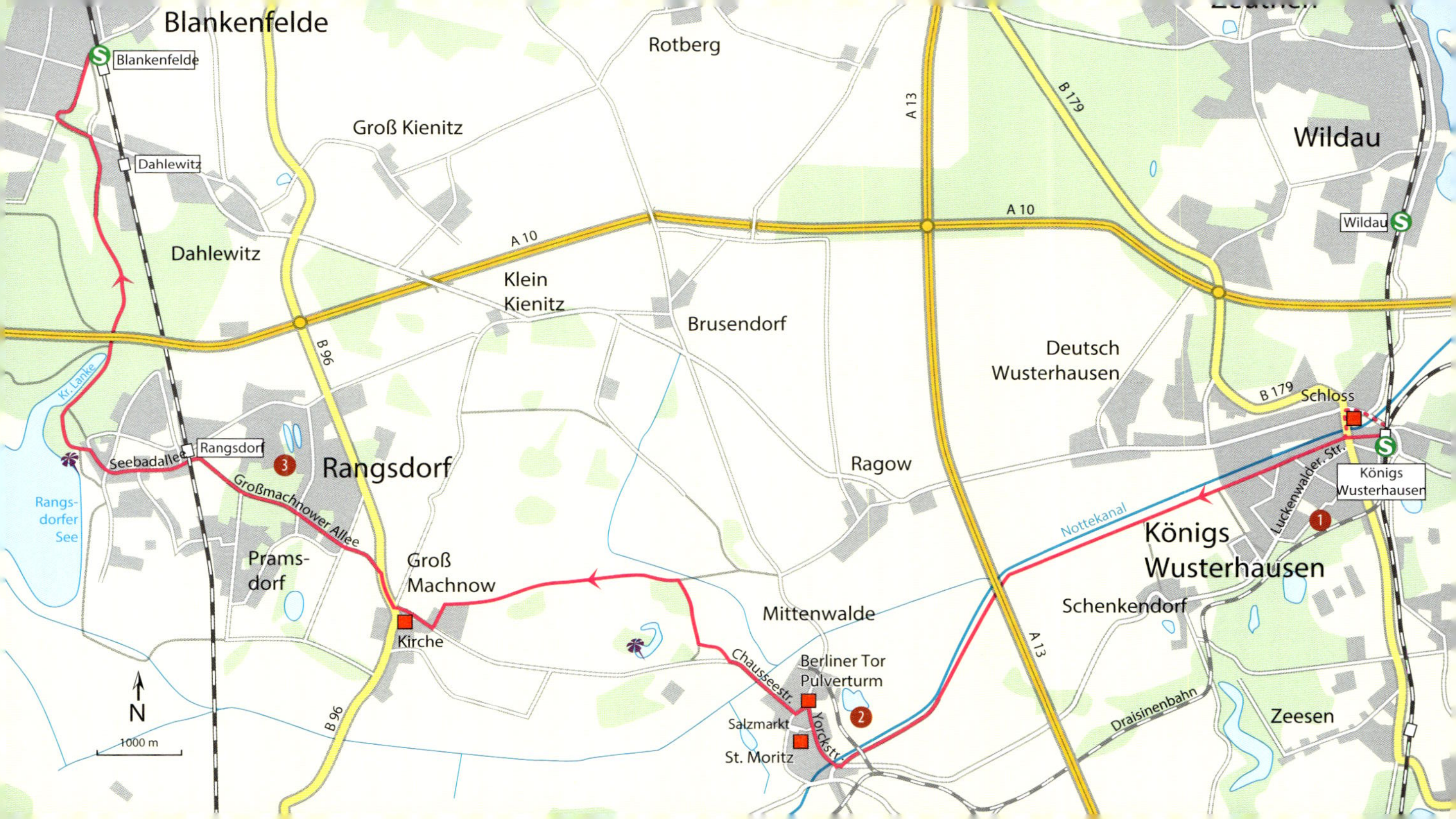

Blankenfelde
Blankenfelde
Dahlewitz
Dahlewitz
Groß Kienitz
Rotberg
Klein Kienitz
Brusendorf
A 10
A 13
B 179
Wildau
Wildau
Deutsch Wusterhausen
B 96
Kr. Lanke
Rangsdorf
Rangsdorf
Seebadallee
Großmachnower Allee
Rangs-dorfer See
Prams-dorf
Groß Machnow
Kirche
Ragow
Mittenwalde
Chausseestr.
Berliner Tor
Pulverturm
Salzmarkt
Yorckstr.
St. Moritz
Schloss
Königs Wusterhausen
Luckenwalder Str.
Nottekanal
Königs Wusterhausen
Schenkendorf
Draisinenbahn
Zeesen
N
1000 m

Tour auf einen Blick

km 0	Vom ***S-Bahnhof Königs Wusterhausen*** über die Bahnhofstraße und am Nottekanal entlang nach Mittenwalde und rechts ins Zentrum.
km 8	Von ***Mittenwalde*** über die Yorckstraße, dann links und gleich rechts auf die Chausseestraße. In die zweite Straße rechts und nach ca. 2 Kilometern links über den Feldweg nach Groß Machnow.
km 14	Von ***Groß Machnow*** auf dem Radweg an der B 96 entlang und links nach Rangsdorf. Über die Großmachnower Allee und die Seebadallee zum Hotel Seebad-Casino.
km 20,5	Vom ***Hotel Seebad-Casino*** am See entlang und durch den Wald nach Blankenfelde, dort geradeaus über die Waldstraße, biegt links in die Bahnhofstraße, um dann rechts über die Straße am Bruch zu fahren.
km 26	***S-Bahnhof Blankenfelde***

⇨ Abstecher zum Schloss Königs Wusterhausen

Vom S-Bahnhof Königs Wusterhausen geht es rechts über die Storkower Straße, links durch den Kreisverkehr und weiter auf der Gerichtsstraße ins Zentrum von **Königs Wusterhausen** ❶ *und zum Schloss, das nach etwa 500 Metern auf der linken Straßenseite liegt.*

Schloss Königs Wusterhausen, die Hauptattraktion des Städtchens, ist wie kein anderes mit der Persönlichkeit Friedrich Wilhelms I. verbunden. Hier stellte der Soldatenkönig sein berühmtes Leibregiment, die „Langen Kerls", auf, ging zur Jagd, malte und versammelte das legendäre Tabakskollegium um sich. Erstmals 1320 erwähnt, war das Gebäude ursprünglich eine Wasserburg. Sein Äußeres, ein fast quadratischer Bau, dessen weiße Fassade zur Hofseite zwei mit roten Gesimsen abgesetzte Giebel und ein runder Turm schmücken, verrät noch den Renaissancestil des 16. Jahrhunderts. Im Inneren wurde es indessen von 1698 an den Geschmack des Königs angepasst, der jegliche Verschwendung ablehnte und Preußen strenge Sparsamkeit verordnete. Nach der sorgsamen Restaurierung geben die Wohnräume des Monarchen und seiner Gemahlin Sophie Dorothea eine relativ genaue Vorstellung von der Lebenswelt in der ersten Hälfte des 18. Jahrhunderts. An den Wänden hängen auch um die 40 von Friedrich Wilhelm I.

eigenhändig angefertigte Bilder. Andere zeigen ihn bei der Wildschweinjagd oder in strammer Rüstung. Vom barocken Lustgarten ist mit einer von Linden gesäumten Rasenfläche nur eine Andeutung geblieben (Schloss Königs Wusterhauen · Schloßplatz 1 · (0 33 75) 21 17 00 · Apr.–Okt. Di–So 10–17.30 Uhr, Winter Sa/So 10–16 Uhr · Eintritt 8 € / 6 €, Familien 16 €).

Vom Schloss geht es am Schloßplatz links in die Schloßstraße, die rechts auf den Radweg „Am Nottekanal" führt.

Vom S-Bahnhof Königs Wusterhausen nach Mittenwalde

*Vom **S-Bahnhof Königs Wusterhausen** geht es geradeaus durch die* *0 km*
*Bahnhofstraße, die Haupteinkaufsstraße der Stadt. Sie mündet in den ausgeschilderten Radweg „Am Nottekanal", der am Wasser entlang unter hohen Bäumen aus der Stadt hinausführt. Anfangs ist er asphaltiert, später etwas holperig, aber gut befahrbar und eine wahre Idylle. Nach 8 Kilometern erreicht man **Mittenwalde*** *8 km*
und biegt rechts in Richtung Stadtzentrum ab. Schilder weisen den Weg zu den Hauptsehenswürdigkeiten.

So unscheinbar es wirkt, ist das strategisch wichtige **Mittenwalde** ❷ eine durchaus geschichtsträchtige Stadt. Als Grenzfeste zwischen der Mark Brandenburg und der Lausitz wurde es bereits im 13. Jahrhundert planmäßig zur Stadt ausgebaut. Davon zeugen heute noch das kunstvoll gestaltete **Berliner Tor** und der daneben stehende **Pulverturm,** die letzten Überreste der einst starken Stadtbefestigung. Beide stehen am nördlichen Ausgang der Stadt, über den man Mittenwalde später verlässt. Zuvor sollte man sich jedoch noch ein wenig umsehen.
Einen gewissen Ruhm verdankt Mittenwalde vor allem Paul Gerhardt. Nach dem Dreißigjährigen Krieg, als das Land darniederlag, versuchte er als Pfarrer an der **Kirche St. Moritz** den Menschen mit unzähligen Liedern wie „Geh aus mein Herz und suche Freud" Mut zu machen. Ihm wurde auch vor der Kirche, die links der Yorckstraße steht, ein Denkmal gesetzt. Ein Stück weiter erinnert der **Salzmarkt** daran, dass Mittenwalde lange Zeit vom Salzhandel lebte – das weiße Gold wurde auf dem dreieckigen Platz zum Verkauf angeboten. Im **Heimatmuseum** im Haus mit der Nummer 5 gibt es außerdem eine histo-

rische „schwarze Küche", eine Rauchküche mit offenem Feuer, und ein Wohnzimmer aus der Gründerzeit zu sehen (Heimatmuseum · Salzmarkt 5 · 15749 Mittenwalde · (03 37 64) 2 22 70 · Okt., Nov., März, April Mi/Sa/So 13–16, Mai-Sep. 13–17 Uhr · 1,50 € / 1 €).

Von Mittenwalde nach Rangsdorf

Man verlässt das Zentrum auf der Yorckstraße und durch das Berliner Tor, hält sich zunächst links und biegt gleich wieder rechts in die Chausseestraße, die aus der Stadt hinausführt. Nach dem Schild am Ortsausgang biegt man an der zweiten Straße schräg rechts in eine kleine asphaltierte Straße ein, die an Brach- und Lagerflächen vorbeiführt. Nach ca. 2 Kilometern geht es dann links auf einen schönen, aber etwas holprigen und zum Teil sandigen, später mit Platten befestigten Feldweg mit weitem Blick über die Landschaft. Besonders schön ist es im Frühjahr und im Herbst, wenn hier unzählige
14 km *Kraniche auf ihrem Weg von oder nach Süden rasten. In* **Groß Machnow** *angekommen, geht es links an der Pferdekoppel vorbei und wieder rechts zur B 96. Wer will, kann vorher in der Dorfmitte noch einen Blick auf die* **Feldsteinkirche** *aus dem 13. Jahrhundert werfen. Ansonsten quert man die B 96, fährt ein kurzes Stück auf der linken Seite auf dem Radweg neben der Landstraße entlang, bis er links in Richtung* **Rangsdorf** ❸ *abbiegt. Man folgt der Großmachnower Straße bzw. Allee durch den langgezogenen Ort, biegt zwischendurch am Bahnhof rechts in die Ladestraße ein und fährt unter der Unterführung weiter geradeaus auf der Seebadallee zum Rangs-*
20,5 km *dorfer See mit dem ausgeschilderten* **Strandbad.**

Der **Rangsdorfer See** war schon vor hundert Jahren ein beliebtes Ausflugsziel der Berliner. Als „Lido des Berliner Südens" zog er in den 1930er-Jahren selbst Mitarbeiter der UFA an, die sich hier prächtige Villen bauen ließen. Operettenkomponist Walter Kollo, Hans Albers und Heinz Rühmann ließen sich rund um das ehemalige **Seebad-Casino** blicken, das heute als Seehotel bei Hochzeitspaaren sehr beliebt ist (Am Strand 1 · 15834 Rangsdorf · (03 37 08) 9 28 80 · www.see-hotel-berlin.de). Inzwischen steht der See mit seinen Feuchtwiesen weitgehend unter Naturschutz, da er Störchen, Graugänsen, Kranichen und Fischreihern Nahrung bietet. Doch kann man an einigen Stellen baden und auch

Am Rangsdorfer See, ehemals der „Lido Berlins“

Ruderboote ausleihen. Bis vor einigen Jahren befand sich im Hotel auch das **Bücker-Luftfahrt-Museum**, das an das Bücker-Flugzeugwerk erinnerte, wo Carl Clemens ab 1935 die modernsten Sportflugzeuge seiner Zeit baute. Vom dortigen Flugplatz startete 1944 Claus Schenk Graf von Stauffenberg in Richtung Wolfsschanze, um das Attentat auf Hitler zu verüben. Ein Gedenkstein erinnert am Rangsdorfer See an die Tat.

Von Rangsdorf zum S-Bahnhof Blankenfelde

Direkt vor dem Seebad folgt man den Schildern nach Blankenfelde. Sie führen in nördlicher Richtung auf einem schönen, im späteren Verlauf stellenweise sandigen Waldweg am Rangsdorfer See entlang, wo immer wieder das Wasser durchscheint. Unter der A 10 hindurch geht es weiter durch den Wald, bis man auf der Waldstraße das typisch märkische Dorf **Blankenfelde** *erreicht. Man folgt der Waldstraße, biegt dann in die Bahnhofsstraße, um kurz darauf auf der Straße Am Bruch, vorbei am Brandenburger Platz und weiter auf der Karl-Marx-Straße zum* ***S-Bahnhof Blankenfelde*** *zu radeln.* ***26 km***

7 Durch den Grunewald zur Havel

Start	Ziel	Länge	Fahrzeit
S-Bhf. Grunewald	S-Bhf. Nikolassee	15 km	2 Std.

Ganz nah am Stadtzentrum – und zugleich unendlich weit weg scheint der Grunewald, der sich an die Havelseen schmiegt. Es ergibt sich ein reizvolles Wechselspiel von Wald und Wasser, sodass während der relativ kurzen Tour durchaus Urlaubsfeeling aufkommt. Durch das größte zusammenhängende Waldgebiet im Westen Berlins geht es zur Havel, wo beschauliche Badestellen, Segelschulen und kleine Inseln das Ufer säumen. Zwischendurch laden das Ökowerk am Teufelssee und der über hundert Jahre alte Grunewaldturm zur Pause ein, bevor der Radweg einen Bogen durch schattigen Wald zum S-Bahnhof Nikolassee schlägt.

Der Uferweg eröffnet immer wieder schöne Blicke auf die Havel

Infos zur Tour

Anfahrt
S-Bahnhof Grunewald
(S7 alle 10 Min., ca. 20 Min. ab S-/U-Bhf. Friedrichstraße)

Rückfahrt
S-Bahnhof Nikolassee
(S7 alle 10 Min., ca. 25 Min. bis S-/U-Bhf. Friedrichstraße)

Streckenverlauf
S-Bahnhof Grunewald – Teufelssee – Kuhhorn – Grunewaldturm – Schwanenwerder – S-Bahnhof Nikolassee

Streckencharakteristik
Kurze, landschaftlich sehr schöne Tour auf Waldwegen, teils auch asphaltierten Radwegen mit sandigen Abschnitten oder Kopfsteinpflaster, teils entlang der Havelchaussee.

Schwierigkeit
Einfach, leichte Steigungen

Für Kinder
Ja

Beschilderung
R1 ab Lieper Bucht bis Kronprinzessinnenweg

Einkehren
Restaurant Scheune · Grunewald
Eichkampstraße 155 · 14055 Berlin · (0 30) 8 92 49 03 · www.scheune-restaurant.de · Tgl. 11–24 Uhr
Restaurant und Biergarten am S-Bahnhof Grunewald mit rustikaler Einrichtung und deftiger Küche.

Bistro im Ökowerk · Teufelssee
Teufelsseechaussee 22–24 · 14193 Berlin · (0 30) 3 00 00 50 · www.oekowerk.de ·
Mitte März– Mitte Okt. Fr–So, Fei 12–18, sonst Sa/So/Fei 11–16 Uhr
Bio-Kuchen und kleine Speisen.

Kaisergarten im Grunewaldturm
Havelchausee 61 · 14197 Berlin · www.info996594.wixsite.com/ ·
In der Saison Mo–Fr und So 10–19 ·Sa 10–20 Uhr
Am Fuß des historischen Grunewaldturms mit Blick auf die Havel gibt es im Bistro sowie dem Biergarten Herzhaftes von der Brezel über Pizza und Bratwurst bis hin zum veganen Schnitzel.

Baden
Badestellen am Teufelssee und an der Havel, außerdem
Strandbad Wannsee
Wannseebadweg 25 · 14129 Berlin · (030) 22 19 00 11 · www.berlinerbaeder.de ·
Öffnungszeiten zum Teil wetterabhängig, Kernöffnungszeiten Mai–Mitte Sep. 10–19, Juni/Aug. 9–20 Uhr, Mo–Fr ab 17.30 ·
Das Strandbad Wannsee ist das größte Binnenseebad in Europa. Es verfügt über einen 1,2 Kilometer langen und 80 Meter breiten Sandstrand, auf dem sich ein Spiel- und Sportbereich, ein FKK-Bereich, sowie zahlreiche Strandkörbe befinden.

Tour kombinierbar mit
Touren 8 und 9

Tour auf einen Blick

km 0	Vom ***S-Bahnhof Grunewald*** (Ausgang Eichkampstraße) schräg links auf dem Schildhornweg zum Teufelssee.
km 2,5	Vom ***Teufelssee*** geradeaus und über die Havelchaussee hinweg zum Havelufer (Ausschilderung Kuhhorn/Schildhorn) und links zum Grunewaldturm.
km 6	Vom ***Grunewaldturm*** weiter am Wasser entlang, an der Lieper Bucht auf dem R1 über die Havelchaussee bis zur Insel Schwanenwerder und links über den Wannseebadweg und die Spanische Allee zum S-Bahnhof Nikolassee.
km 15	***S-Bahnhof Nikolassee***

Vom S-Bahnhof Grunewald zum Teufelssee

0 km *Am **S-Bahnhof Grunewald** schiebt man das Fahrrad durch den Tunnel unter der Stadtautobahn hindurch zum Ausgang Eichkampstraße. Dort geht es schräg links auf einem breiten, leicht ansteigenden Waldweg, dem Schildhornweg, in Richtung Teufelssee. Bald taucht links zwischen den hohen Bäumen eine riesige ehemalige* **Sandgrube** *auf, die bei Kindern beliebtes Abenteuergelände ist.*
2,5 km *Kurz darauf folgt rechts der **Teufelssee** ❶, an dem im Sommer reger FKK-Badebetrieb herrscht.*

⇨ Abstecher zum Naturschutzzentrum Ökowerk

Auf der Ostseite des Sees führt rechts der Neue Schildhornweg zum Naturschutzzentrum Ökowerk, das nach etwa 100 Metern links des Weges liegt.

Wahrzeichen des **Naturschutzzentrums Ökowerk** ist ein schlanker Backsteinturm. Er ist ein Relikt des ältesten Berliner Wasserwerks, auf dessen Gelände das Zentrum errichtet wurde. Heute sind hier Kinder, Familien und Schulklassen dazu eingeladen, sich im Infozentrum, dem Biogarten und dem historischen Wasserwerk umzusehen, an Workshops oder geführten Touren rund um die Themen Wasser und Naturschutz teilzunehmen. Ein Stück weiter nördlich erhebt sich der 114 Meter hohe Teufelsberg, ein Trümmerberg, der zusammen mit den

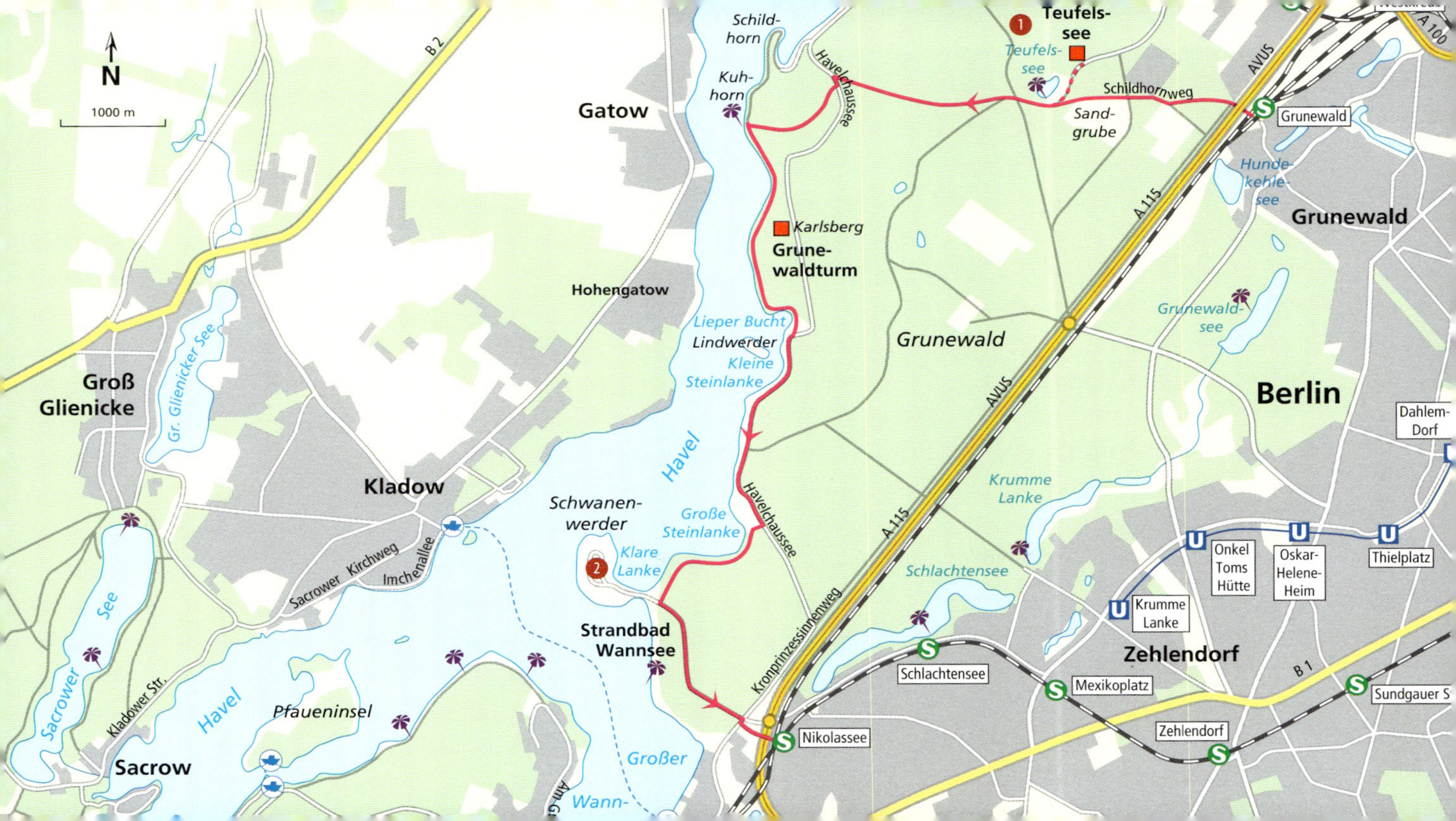
N
1000 m
B 2
Groß Glienicke
Gr. Glienicker See
Sacrower See
Kladower Str.
Sacrow
Havel
Pfaueninsel
Sacrower Kirchweg
Imchenallee
Kladow
Hohengatow
Gatow
Schildhorn
Kuhhorn
Havelchaussee
Karlsberg
Grunewaldturm
Lieper Bucht
Lindwerder
Kleine Steinlanke
Havel
Schwanenwerder
Große Steinlanke
Klare Lanke
Strandbad Wannsee
Großer Wann-
Am G
Teufelssee
Teufelssee
Schildhornweg
Sandgrube
AVUS
A 100
Grunewald
Hundekehlesee
Grunewald
A 115
Grunewaldsee
Grunewald
Berlin
AVUS
Dahlem-Dorf
Krumme Lanke
A 115
Kronprinzessinnenweg
Schlachtensee
Onkel Toms Hütte
Oskar-Helene-Heim
Thielplatz
Krumme Lanke
Zehlendorf
B 1
Schlachtensee
Mexikoplatz
Sundgauer S
Zehlendorf
Nikolassee

Vom Wasser grüßen die Freizeitkapitäne

Müggelbergen die höchste Erhebung Berlins ist. Vom benachbarten Drachenberg hat man einen schönen Blick auf die Stadt, er kann – je nach Wetterverhältnissen – auch für den Wintersport oder zum Drachensteigenlassen genutzt werden. Weithin sichtbar sind außerdem die weißen Radartürme, die einst das US-Militär zu Abhörzwecken errichtete (Naturschutzzentrum Ökowerk · Teufelsseechaussee 22–24 · (0 30) 3 00 00 50 · www.oekowerk.de · Ende März–Okt. Mi–Fr 10–18, Sa/So 12–18, Winter Mi–Fr 10–16, Sa/So 11–16 Uhr).

Vom Teufelssee zum Grunewaldturm

Vom Teufelssee geht es weiter auf dem Schildhornweg nach Westen in Richtung Kuhhorn/Schildhorn. Über den Teltower Weg, dahinter an der Weggabelung leicht rechts und die Havelchaussee hinweg führt der Weg nach einer Absperrung zum Havelufer hinunter.
6 km *Dort geht es links an einigen Badestellen vorbei zum* ***Grunewaldturm,*** *der etwas versteckt oberhalb des Ufers liegt. Am besten lässt man das Fahrrad bei der Wasserrettungsstation stehen und steigt die Treppen hinauf, um den Blick auf die Havel zu genießen.*

Der **Grunewaldturm** wurde zur Erinnerung an den hundertsten Geburtstag des 1888 verstorbenen Kaisers Wilhelm I. errichtet. Er steht auf dem Karlsberg in nächster Nähe zur Havel. Der Entwurf für den 55 Meter hohen Aussichtsturm aus rotem Backstein stammte von dem Berliner Architekten Franz Schwechten, der ein Gebäude im Stil der märkischen Backsteingotik vorsah. Am Portal werden Einflüsse mittelalterlicher Kirchenbaukunst sichtbar, außerdem schmücken ihn Giebel, Spitzbogenfenster, Inschriften und Wappen. Im Sockelgeschoss befindet sich eine Gedenkhalle mit einem Marmorstandbild Wilhelms I., in 36 Meter Höhe lädt eine überdachte Aussichtsplattform zu einem schönen Rundblick auf die Wasser- und Waldlandschaft ein. 1899 eingeweiht, musste der Turm erstmals 1953 und 2007 erneut saniert werden.

Vom Grunewaldturm zum S-Bahnhof Nikolassee

Wasservögel tummeln sich in der Lieper Bucht

Zurück am Wasser fährt man weiter auf dem Uferweg, der kurz nach der **Lieper Bucht** *auf die Havelchaussee (R1) mündet und bald an der kleinen* **Insel Lindwerder** *mit ihrem Ausflugsrestaurant vorbeiführt. Zwischen Wasser und schönem Mischwald geht es weiter an der* **Große Steinlanke** *genannten Bucht und der Segelschule Hering entlang bis zur* **Insel Schwanenwerder** ❷. *Hier führt der Wannseebadweg links durch den Wald hinauf, über den Kronprinzessinnenweg und die Stadtautobahn hinweg, bis es vor der Brücke rechts zum* ***S-Bahnhof Nikolassee*** *geht.* ***15 km***

Wer will, kann auch unter der Brücke hindurch und auf der Spanischen Allee weiterfahren, wo es in der Rechtskurve links zum Schlachtensee geht. Dort locken weitere Badestellen. Das Seeufer wird allerdings auch stark von Spaziergängern und Joggern frequentiert. Will man stattdessen die Tour mit den Touren 8 und/ oder 9 verbinden, fährt man vorher an der Havel ab dem Strandbad Wannsee weiter zum S-Bahnhof Wannsee.

8 Auf die Halbinsel Sacrow

Start	Ziel	Länge	Fahrzeit
S-Bhf. Wannsee	S-Bhf. Wannsee	14 km	2,5 Std.

Auch wenn die Sacrower Halbinsel fast nur einen Steinwurf von Berlin entfernt ist, kommt bei dem kleinen Ausflug dorthin so etwas wie Urlaubsfeeling auf. Vielleicht, weil man schon vor dem Radeln auf der Fähre Seeluft schnuppern kann. In Sacrow angekommen, gilt es zwischen Wasser und Kleingärten eine besondere Rarität, die Heilandskirche, zu entdecken. Mit ihrem Glockenturm ist sie nicht nur wunderschön anzusehen, sie ist auch ein denkwürdiges Symbol der deutsch-deutschen Teilung. Direkt an der Grenze stehend, war sie zu DDR-Zeiten verbarrikadiert und dem Zerfall preisgegeben. Nach der Wende wurde sie umfassend saniert und strahlt wieder in neuem Glanz.

Die Heilandskirche ist der malerische Höhepunkt der Tour

Infos zur Tour

Anfahrt
S-Bahnhof Wannsee
(S7 oder S1 alle 10 Min., ca. 30 Min.
RE 1 oder RE 7, alle 20 Min., ca. 20 Min.
ab S-/U-Bhf. Friedrichstraße)

Rückfahrt
S-Bahnhof Wannsee
(S1, S7 alle 10 Min., ca. 30 Min.
RE 1 oder RE 7, alle 20 Min., ca. 20 Min.
bis S-/U-Bhf. Friedrichstraße)

Streckenverlauf
S-Bahnhof Wannsee – Kladow – Sacrow – Kladow – S-Bahnhof Wannsee

Streckencharakteristik
Kurze, aber reizvolle Tour auf gut befahrbaren Wald- und Feldwegen und kaum befahrener Straße (von Kladow nach Sacrow).

Schwierigkeit
Einfach

Für Kinder
Ja

Beschilderung
Lokale Ausschilderung

Einkehren
In Alt-Kladow gibt es mehrere Ausflugs- und Gartenlokale.

Maisels Biergarten
Imchenallee 44 · 14089 Berlin · (0 30 67) 81 55 62 · www.maisels-einkehr.de ·
Do–Mo 12–21 Uhr, Biergarten in der Saison 9–22 Uhr
Direkt am Fähranleger Kladow wird hier fränkisch angehauchte Küche ohne Fertigprodukte serviert, z. B. Käsespätzle, Nürnberger Würstchen, Schäuferle. Mo-Fr auch günstiger Mittagstisch.

Landhausgarten Dr. Max Fraenkel
Lüdickeweg 1 · 14089 Berlin-Kladow · 01 76 58 21 74 30 · www.sommercafe-kladow.de/
Café tgl. 10–18 Uhr ·Landhausgarten · Mo–Do 7.30–14, Fr 7.30–18 Uhr
Großer Landhausgarten mit Geschichte. Dazu gehört ein Sommercafé mit Terasse, wo man hausgebackene Kuchen und Torten genießen kann.

Restaurant Zum Sacrower See · Sacrow
Weinmeisterweg 1 · 14469 Sacrow · (03 31) 50 38 55 · www.ritter-sacrow.de · Tgl. 12–20 Uhr (Nov.–März Mo Ruhetag) ·
In der Traditionsgaststätte mit Gartenterrasse werden sowohl Kaffee und Kuchen als auch Waldpilzsuppen, Salate und Kohlrouladen serviert.

Baden
Badestellen am Sacrower See und am **Strandbad Wannsee**
Wannseebadweg 25 · 14129 Berlin · (0 30) 22 19 00 11 · www.berlinerbaeder.de · Öffnungszeiten zum Teil wetterabhängig, Kernöffnungszeiten Mai–Mitte Sep. 10–19 Uhr, Juni/Aug. 9–20 Uhr, Mo–Fr ab 17.30 · Abendtarif 3,50

Tour kombinierbar mit
Tour 9

Tour auf einen Blick

km 0 Vom ***S-Bahnhof Wannsee*** zur Schiffsanlegestelle und mit der Fähre F10 nach Alt-Kladow. Dort links am Havelufer entlang und durch das Naturschutzgebiet Königswald nach Sacrow.

km 7 Vom ***Gutspark Sacrow*** auf demselben Weg zurück nach Alt-Kladow.

km 14 Von Alt-Kladow mit der Fähre übersetzen und zum ***S-Bahnhof Wannsee***

0 km Vom S-Bahnhof Wannsee nach Sacrow

Vom ***S-Bahnhof Wannsee*** *geht es links zur Schiffsanlegestelle der Ausflugsdampfer, wo die Fähre nach Alt-Kladow abfährt (BVG-Fähre F10 · Mo–Fr 6–21 (Winter bis 20 Uhr), Sa 7–21 (Winter bis 18 Uhr), So 10–21 (Winter bis 19 Uhr) · Es gelten BVG-Tickets (Zone AB) · Achtung: Möglichst nicht die letzte Fähre nehmen, da die Plätze für Fahrräder begrenzt sind!).*

Nach 20 Minuten kommt man am kleinen Hafen von **Alt-Kladow** ❶ *an. Dort fährt man links in die Imchenallee, die anfangs nicht asphaltiert, aber gut befahrbar ist und an herrschaftlichen Villengrundstücken vorbeiführt. Sie mündet in den Sacrower Kirchweg, in den man links einbiegt. Nach kurzer Strecke führt links der Lüdickeweg zum* **Landhausgarten Dr. Fränkel**. *Dieser idyllische Garten aus den 1920er-Jahren bezaubert durch Wäldchen, Obstbäume, Gemüsebeete und ein Sommercafé. Der Weg führt dann weiter über die Sacrower Landstraße, die durch das* **Naturschutzgebiet Königswald** *führt und bald Kladower Straße heißt. Auf kleinem Raum sind hier Moore, Auenwälder und sogar Dünen zu finden – die Zivilisation scheint meilenweit entfernt. Doch holt sie einen bald wieder ein, wenn man nach Sacrow kommt. Der Ort, der wörtlich aus dem Slawischen übersetzt „Hinter dem Gebüsch“ heißt, macht seinem Namen alle Ehre. Er ist von dichtem Mischwald umgeben, außerdem vom Wasser der Havel. Immer der*
7 km *Hauptstraße folgend kommt man zum 24 Hektar großen* ***Gutspark*** *mit dem Schloss Sacrow und der dahinterliegenden Heilandskirche. Hier sollte man vom Fahrrad steigen, da in der Parkanlage ohnehin nicht geradelt werden darf, und sich in Ruhe umsehen.*

N
1000 m
Groß
Glienicke
Gr. Glienicker See
Hohengatow
Lieper Bucht
Lindwerder
Kleine
Steinlanke
Grunewald
AVUS
B 2
Neu
Fahrland
Kladow
Havel
Schwanen-
werder
Große
Steinlanke
Havelchaussee
A 115
Klare
Lanke
Schlachtensee
Sacrower Kirchweg
Imchenallee
Sacrower
See
Strandbad
Wannsee
Kronprinzessinnenweg
Schlachtensee
Königswald
Kladower Str.
Havel
Pfaueninsel
Nedlitz
Nikolassee
Am Golfplatz
Sacrow
Großer
Wann-
see
Jungfernsee
Schloss
Heilands-
kirche
Am Gr. Wannsee
Amundsenstr.
Wannsee
Wannsee
Volks-
park
Potsdam
Nedlitzer Str.
Pfingstberg
Glienicker
Park
Havel
Königstr.
B 1
B 1
Potsdam
Glienicker
Brücke
Klein
Glienicke
Park
Babelsberg
Kleinmach

Für Italien-Fan Friedrich Wilhelm IV. war **Sacrow** 2 ein weiterer Baustein seines preußischen Arkadiens (▶ Tour 9), das Berlin und Potsdam durch einen riesigen Garten verbinden sollte. Dabei sollten Architektur und gestaltete Landschaft miteinander verschmelzen. Der König ließ Ludwig Persius aus dem Gutshaus ein **Schloss** machen – eigentlich ist es eher ein Herrenhaus, das die Königsfamilie nie bewohnte –, während Peter Joseph Lenné den Garten gestaltete. Sichtachsen verbinden die Halbinsel mit der Pfaueninsel, dem Havelufer von Potsdam und dem Flatowturm von Babelsberg (▶ Tour 9). Höhepunkt Sacrows ist die **Heilandskirche**. Gibt es etwas Malerischeres als das Gotteshaus, das sich mit seinem Glockenturm, dem Campanile, im Wasser der Havel spiegelt? Besonders apart wird der 20 Meter hohe, frei stehende Turm durch horizontale Bänder aus blauglasierten Fliesen und blassrosa Backstein. Zusammen mit den Arkaden gibt er der Kirche, die Persius im Auftrag Friedrich Wilhelms IV. entwarf, den Anschein einer italienischen Basilika. Das Innere ist dagegen eher schlicht gehalten. Ein Apsisgemälde von Carl Begas und Adolph Eybel in byzantinischem Stil findet sich dort, außerdem der Altar aus Zedernholz, ein Standkreuz und ein Kandelaber aus vergoldetem Zinkguss. Diese Stücke gehen ebenfalls auf den Baumeister Persius zurück. Nachdem die Kirche zu DDR-Zeiten verbarrikadiert und das Innere zerstört worden war, konnte sie noch vor der Wende durch den Berliner Bürgermeister Richard von Weizsäcker vor dem endgültigen Zerfall gerettet werden. Inzwischen wurde sie aufwendig restauriert und erstrahlt wieder in neuem Glanz ((03 31) 5 05 21 44 · www.heilandskirche-sacrow.de · März, Apr., Sep., Okt. nur Fr–So 11–16 Uhr). Das ursprünglich barocke, später klassizistisch überformte Schloss, das nach wechselvoller Geschichte zeitweise die Kulisse für Ausstellungen abgibt, wird indessen noch restauriert.

Von Sacrow zurück zum S-Bahnhof Wannsee

Wer will, kann noch eine Tour um den **Sacrower See** *anschließen, der sehr sauber ist und einige schöne Badestellen hat. Allerdings ist der Waldweg um den See recht holperig und je nach Wetterlage sind viele Spaziergänger unterwegs. Ansonsten geht es auf dem-*
14 km *selben Weg zurück zum* ***S-Bahnhof Wannsee.***

Durchs preußische Arkadien 9

Start	Ziel	Länge	Fahrzeit
S-Bhf. Wannsee	S-Bhf. Griebnitzsee	14 km	2 Std.

Schlösser, Landschaftsparks, geschichtsträchtige Villen – eine geballte Ladung kulturhistorisch interessanter Orte hält diese kurze Tour bereit. Vorbei an der Liebermann-Villa und dem Haus der Wannsee-Konferenz geht es bis zur Glienicker Brücke, an der früher Agenten ausgetauscht wurden. Dabei ist alles in die herrliche Havellandschaft eingebettet, wo Segelboote auf dem Wasser schaukeln und Badestellen zur Erholungspause einladen. Wer reif für die Insel ist, kann zwischendurch auch auf der Pfaueninsel ein besonders liebenswertes Stück preußisches Arkadien entdecken. Auf jeden Fall sollte man trotz der kurzen Strecke genügend Zeit für Besichtigungen einplanen.

Schloss Babelsberg – Blick von der Havel

Infos zur Tour

Anfahrt
S-Bahnhof Wannsee
(S1, S7 alle 10 Min., ca. 30 Min. ab S-/U-Bhf. Friedrichstraße)

Rückfahrt
S-Bahnhof Griebnitzsee
(S7 alle 10 Min., ca. 30 Min. bis S-/U-Bhf. Friedrichstraße)

Streckenverlauf
S-Bahnhof Wannsee – Glienicker Brücke – Park Babelsberg – S-Bahnhof Griebnitzsee

Streckencharakteristik
Kurze, landschaftlich und kulturhistorisch sehr reizvolle Tour auf gut befahrbaren Wald- und Feldwegen, zum Teil auch auf wenig befahrenen Straßen.

Schwierigkeit
Einfach

Für Kinder
Ja

Beschilderung
Berliner Mauerweg vom Seeufer Höhe Pfaueninsel bis Griebnitzsee

Einkehren
Unterwegs gibt es jede Menge Einkehrmöglichkeiten, von einfachen Gartenlokalen bis hin zu eleganten Restaurants.

Wirtshaus Moorlake · Uferweg
Moorlakeweg 6 · 14109 Berlin · (0 30) 8 05 58 09 · www.moorlake.de · Sommer Mi-Mo, Winter Mi-So ab 11 Uhr, zum Teil Schließzeiten.
Das historische, in bayerischem Stil errichtete Gasthaus tischt gutbürgerliche Küche auf – auch auf der großen Gartenterrasse mit Blick auf den Wannsee.

Restaurant Schloss Glienicke Remise · Park Babelsberg
Königstraße 36 · 14109 Berlin · (0 30) 8 05 40 00 · www.schloss-glienicke.de · Fr–So 12–20 Uhr
Raffinierte Küche zu gehobenen Preisen im Restaurant Goldener Greif und auf der Sommerterrasse.

Wartmanns Café · Potsdam
Waldmüllerstr. 8 · 14482 Potsdam · (03 31) 23 16 61 88 · www.wartmanns.de · Mo–Fr 11–19.30, Sa/So 10–19.30 Uhr
Der Biergarten am Wasser ist ideal für einen kleinen Zwischenstopp auf dem Weg nach Griebnitzsee. Schwerpunkte sind Grillspezialitäten, Kaffee, selbst gebackener Kuchen und Speiseeis.

Baden
Badestellen am Wannsee und an der Havel

Tour kombinierbar mit
Touren 8 und 11

Königswald
Nedlitz
Am Golfplatz
B 2
Sacrower See
Kladower Str.
Jungfernsee
Havel
Pfaueninsel
Schloss
1
Sacrow
St. Peter und Paul
Moorlake
Volks- park Potsdam
Nedlitzer Str.
Pfingstberg
Glienicker Park
2
Schloss Glienicke
Glienicker Brücke
Jagdschloss Glienicke
Schloss Babelsberg
Kleines Schloss
Park Babelsberg
Flatowturm
3
Klein Glienicke
Karl-Marx-Str.
Virchowstr.
R.-Luxemb.-Str.
Griebnitz- see
Babelsberg
Charlottenstr.
Breite Str.
Potsdam Hbf.
Charlottenhof
Griebnitzsee
Potsdam
Leipziger Str.
Strandbad Wannsee
Haus der Wannsee- Konferenz
Liebermann-Villa
Am Gr. Wannsee
Großer Wann- see
Wannsee
Königstr.
B 1
Nikolassee
Kronprinzessinnenweg
A 115
N
1000 m
Stahns
Schla

Tour auf einen Blick

km 0	Vom ***S-Bahnhof Wannsee*** rechts über die Königstraße und wieder rechts zum Großen Wannsee.
km 1	Am Großen Wannsee rechts über den Uferweg (hinter dem ***Löwendenkmal***) zur Fähranlegestelle Pfaueninsel.
km 4,6	Vom ***Fähranleger Pfaueninsel*** weiter auf dem Uferweg zur Glienicker Brücke.
km 8,2	Von der ***Glienicker Brücke*** auf der Königstraße Richtung Berlin und nach ca. 100 Metern rechts über die Möwen- und Waldmüllerstraße zur Lankestraße, dort rechts über die Brücke zum Park Babelsberg.
km 9,9	Vom ***Park Babelsberg*** weiter über die Lankestraße, rechts in die „Allee nach Glienicke" und links auf der Karl-Marx-Straße zum S-Bahnhof Griebnitzsee.
km 14	***S-Bahnhof Griebnitzsee***

Vom S-Bahnhof Wannsee zum Havelufer

0 km *Am **S-Bahnhof Wannsee** geht es links auf dem Kronprinzessinnenweg zur Königstraße, in die man rechts einbiegt. Man folgt ihr ein Stück, quert die Königsbrücke und biegt gleich danach rechts in die Straße Am Großen Wannsee. Hier reihen sich schöne Villen, Segelschulen und kleine Jachthäfen am Ufer aneinander. Darunter sind auch geschichtsträchtige Orte wie die Liebermann-Villa und das Haus der Wannsee-Konferenz.*

Die **Liebermann-Villa** ist ein besonderes Kleinod (Colomierstr. 3 · (0 30) 80 58 59 00 · www.liebermann-villa.de · Apr.–Sep. tgl. außer Di 10–18, Okt.–März tgl. außer Di 11–17 Uhr · zudem Führungen zu unterschiedlichen Themen · 10 € / Kinder bis 18 Jahre frei / Führung 5 €). In und um sein 1909 erbautes Sommerhaus, das „Schloss am See", fand der berühmte Maler nicht nur Ruhe zum Arbeiten, sondern auch viele Motive seiner Spätwerke. Nachdem die Villa und der wunderschöne Garten denkmalgerecht saniert wurden, zeigt eine Dauerausstellung hier entstandene Werke und Dokumente zur Biographie des Künstlers. Zudem lädt das Café Max im ehemaligen Speisezimmer und auf der Terrasse dazu ein, den Blick über Garten und See schweifen zu lassen.

Ein Stück weiter entlang des Weges steht die Villa, die die Gedenkstätte **Haus der Wannsee-Konferenz** beherbergt (Am Großen Wannsee 56–58 · (0 30) 8 05 00 10 · www.ghwk.de · tgl. 9–18 Uhr · Eintritt frei · kostenlose Führungen zu jeder vollen Stunde). Hier berieten 1942 Vertreter verschiedener Reichsministerien und der SS unter Vorsitz von SS-Obergruppenführer Reinhard Heydrich darüber, wie die Juden Europas deportiert und ermordet werden sollten. Zum 50. Jahrestag der Konferenz wurde 1992 die Gedenkstätte mit einer sehr sehenswerten Ausstellung eröffnet.
Etwa 200 Meter nördlich vom Haus der Wannsee-Konferenz kann man am Havelufer dem **Flensburger Löwen** einen kurzen Besuch abstatten. Die Skulptur ist ein Werk des dänischen Bildhauers Hermann Wilhelm Bissen, das an den Sieg der königlich-dänischen Truppen über die deutschen Schleswig-Holsteiner in der Schlacht bei Idstedt 1850 erinnern soll.

Vom Havelufer zum Fähranleger Pfaueninsel

*Am **Löwendenkmal** zweigt links ein Weg ab, der gleich noch einmal* *1 km*
links am Ufer der Havel entlangführt. Auch wenn er recht schmal ist und Radfahrer Spaziergängern ausweichen müssen, ist er überaus reizvoll: Durch die hohen Bäume, die das Ufer säumen, ergeben sich immer wieder schöne Ausblicke auf die Havelseen, hier und da
*blitzt ein weißes Segel auf. Nach ca. 3 Kilometern kommt die **Pfau-*** *4,6 km*
***eninsel** in den Blick. Wer will, kann mit der Fähre übersetzen und in etwa einer Stunde dieses einmalige Stück UNESCO-Welterbe umrunden. Die Fahrräder müssen dabei allerdings am anderen Ufer bleiben, sie sind auf der Insel verboten (Fähre zur Pfaueninsel · März–Okt. tgl. 10–18 (Winter bis 16 Uhr) · alle 15–20 Min. · 6 € / erm. 5 €).*

Das Schloss auf der Pfaueninsel

Die **Pfaueninsel** ❶, ein Gesamtkunstwerk der preußischen Könige, Baumeister und Gartenbauarchitekten, ist quasi ein Vorläufer heutiger Themenparks. Maßgeblich geprägt haben sie König Friedrich Wilhelm II. und dessen Mätresse Wilhelmine Encke, die hier ein Schlösschen in romantisierender Ruinenarchitektur errichten ließen. Friedrich Wilhelm III. beauftragte danach Peter Joseph Lenné und Hofgärtner Fintelmann mit der weiteren Gestaltung des Landschaftsparks. Zu exotischen Gewächsen gesellten sich Papageien, Bären, Affen und Kängurus. Zwischen alten Vogelvolieren, dem Rosengarten, künstlichen Ruinen und dem Palmenhaus stolzieren noch heute allerlei Pfauen frei umher.

Vom Fähranleger Pfaueninsel zur Glienicker Brücke

Von der Fähranlegestelle geht es weiter auf dem Uferweg entlang, an der Kirche St. Peter und Paul und dem historischen Wirtshaus Moorlake vorbei zum Schloss und Park Glienicke und weiter zur
8,2 km ***Glienicker Brücke.***

Die Kirche **St. Peter und Paul,** die sich über dem Uferweg erhebt, wurde von den Schinkelschülern Stüler und Schadow erbaut. Zwiebelkuppel und hölzerner Vorbau sind nach russischem Vorbild entstanden – Friedrich Wilhelm III. schenkte sie später auch dem russischen Zaren, der mit seiner Tochter Charlotte verheiratet war.

Mit **Schloss Glienicke** erfüllte sich Prinz Carl von Preußen 1823 seinen Traum einer italienisch anmutenden Villa. In den Plänen Karl Friedrich Schinkels stand eindeutig die Antike Modell für das Schlösschen. Der Rote Saal, der Grüne Salon, das türkisfarbene Schlafzimmer und das Marmorzimmer sind mit ihren erlesenen Möbeln, Kronleuchtern und Kaminen auch häufig edler Rahmen für Ausstellungen und Konzerte (Schloss Glienicke · Apr.–Okt. Di–So 10–17.30 Uhr, Nov.–Dez./März Sa/So 10–16 Uhr, letzter Einlass 30 Min. vor Schließung · Besichtigung nur mit Führung · 6 € / 5 €, Familienkarte 16 €). Für die passende Umgebung sorgte Peter Joseph Lenné mit dem **Glienicker Park** 2. Die Anlage ist Teil der Berlin-Potsdamer Kulturlandschaft, die seit 1990 auf der Liste des UNESCO-Weltkulturerbes steht. Lenné schuf hier nicht nur einen Pleasureground, einen Blumengarten, sondern verband das Schloss

Die Glienicker Brücke

auch durch Sichtachsen mit anderen Punkten des preußischen Arkadiens. Ein Rundgang durch den Park eröffnet immer wieder neue Ein- und Ausblicke.

Dicht dabei schrieb die **Glienicker Brücke** ein ganz anderes Kapitel Geschichte: Zu DDR-Zeiten verlief hier die Grenze, auf der „Brücke der Einheit" wurden Agenten zwischen den beiden deutschen Staaten ausgetauscht.

Auf der anderen Seite der Brücke lädt die klassizistische **Villa Schöningen** vor allem im Sommer unregelmäßig zu Ausstellungen zeitgenössischer Kunst, teilweise auch zu Konzerten und in ihr Café ein (Berliner Str. 86 · (03 31) 2 00 17 41 · www.villa-schoeningen.de · Fr–So 12–18 Uhr (Winter 11–17 Uhr) · 8 €/ erm. 5 €).

Schloss Glienicke

Von der Glienicker Brücke zum Park Babelsberg

An der Glienicker Brücke biegt man links in die Königstraße und nach ca. 100 Metern rechts in den Weg zum Park Babelsberg/Griebnitzsee. Vorbei an kurios anmutenden Häusern, die Prinz Carl von Preußen nach dem Vorbild Schweizer Alpenvillen errichten ließ, und dem ebenfalls aus der Zeit von 1859 stammenden **Jagdschloss Glienicke** *geht es durch die Möwen- und Waldmüllerstraße und hinter dem Biergarten Bürgershof rechts in die Lankestraße, die über eine Brücke zum* **Park Babelsberg** *führt. Nun radelt man* 9,9 km *auf dem Uferweg durch den Schlosspark, der einen herrlichen Blick auf die Wasserlandschaft rund um Potsdam eröffnet. Unterwegs kommt man auch am* **Kleinen Schloss** *im Tudor-Stil vorbei, wo einst Prinzessin Victoria von England ihre Flitterwochen mit Friedrich Wilhelm verbrachte. Zum (großen) Schloss und zum Flatowturm muss man jedoch zu Fuß laufen, im Park selbst ist Radfahren verboten.*

Blick auf die Havel im Park Babelsberg

Der **Park Babelsberg** 3 am Tiefen See ist ein wunderschöner Ableger der Potsdamer Schlösserlandschaft. Von Wilhelm I. in Auftrag gegeben, ist er nicht nur das Werk Lennés, sondern auch des Fürsten Pückler. Er versuchte, hier „ein organisches Ganzes, etwas Gediegenes" zu schaffen, das „in künstlerischer Hinsicht alle anderen Anlagen seiner Art in der Potsdamer Gegend übertreffen wird". Und das ist ihm durchaus gelungen. Neben schönen Wegen, die das Panorama auf Potsdam und die Wasserlandschaft der Havel eröffnen, sorgen architektonische Staffagen wie die **Gerichtslaube** für einen besonderen Reiz. Mittendrin erhebt sich auf einer Anhöhe das neugotische **Schloss,** das fünfzig Jahre lang Sommerresidenz von Wilhelm I. war. Mit seinen Zinnen, Erkern und Türmen macht es einen verspielten Eindruck. Im Inneren sind Augustas Ankleide- und Schlafgemach mit Landschaftsansichten aus England und religiösen Darstellungen zu sehen sowie Wilhelms Arbeits- und Schlafzimmer mit hellblauer Stuckdecke (Schloss Babelsberg · (03 31) 9 69 42 50 · Das Schloss wird momentan renoviert und nur zu Sonderveranstaltungen geöffnet). Auf einer anderen Anhöhe ragt der **Flatowturm** hervor, ein 46 Meter hoher Rundturm. Im Inneren informieren Fotos, Pläne und Ausgrabungsfunde über die Geschichte des Schlossparks. Außerdem hat man von oben einen fantastischen Blick (Flatowturm · (03 31) 9 69 42 49 · Mai–Okt. Sa/So 10–17.30 Uhr, letzter Einlass 30 Min. vor Schließung · 4 € / 3 €).

Vom Park Babelsberg zum S-Bahnhof Griebnitzsee

Zurück an der Parkbrücke fährt man weiter auf der Lankestraße, biegt bald rechts in die „Allee nach Glienicke" ein und folgt gleich wieder links auf der Karl-Marx-Straße den Hinweisschildern zum ***S-Bahnhof Griebnitzsee.*** *Unterwegs kann man noch einen Blick* *14 km* *auf ein weiteres Stück Geschichte werfen.*

Die **Villenkolonie Neubabelsberg** entstand Ende des 19. Jahrhunderts, als Großindustrielle und Bankiers aus Berlin ihren Wohnsitz an das idyllische Ufer des Griebnitzsees verlegten. Mit dem Aufschwung der UFA-Studios folgten auch Schauspieler wie Lilian Harvey, Gustav Fröhlich oder Marika Rökk. Während der Potsdamer Konferenz wurden hier wiederum hochrangige Politiker wie Stalin (in der **Villa Herpich** in der Karl-Marx-Straße 27) einquartiert. Winston Churchill wohnte in der **Villa Urbig** in der Virchowstraße 23, die der Architekt Mies van der Rohe für den Bankier Urbig gebaut hatte. Von der **Truman-Villa** in der Karl-Marx-Straße 2 aus, die 1891 für den Berliner Verleger Carl Müller-Grote errichtet wurde, soll der amerikanische Präsident sogar den Befehl zum Abwurf der Atombomben auf Hiroshima gegeben haben. Nicht weit davon entfernt, in der Karl-Marx-Straße 66, steht das mit Zinnen und Türmchen verzierte ehemalige **Gästehaus der UFA,** wo während Dreharbeiten Marlene Dietrich, Hans Albers und Heinz Rühmann unterkamen. Geschichtsträchtig ist schließlich auch das Haus in der **Rosa-Luxemburg-Straße 40,** einer Parallelstraße der Karl-Marx-Straße: Die Villa wurde 1924 vom Architekten Jean Krämer für den jüdischen Kaufmann Norbert Wiener erbaut. Danach mietete Konrad Adenauer, der später der erste Kanzler der Bundesrepublik Deutschland wurde, die Villa für sich und seine Familie von Mai 1934 bis April 1935.

10 Einmal um den Schwielowsee

Start	Ziel	Länge	Fahrzeit
Hbf. Potsdam	Hbf. Potsdam	34 km	4 Std.

„Der Schwielowsee ist breit, behaglich, sonnig und hat die Gutmütigkeit aller breit angelegten Naturen“, schrieb Fontane über den Havelsee südlich von Potsdam. Tatsächlich ist er besonders idyllisch, auf kleinstem Raum sorgen hier Wälder, Wiesen, hübsche Dörfer und reichlich Wasser für Abwechslung. Albert Einstein hatte ganz in der Nähe sein Sommerhaus. Vor ihm kam Kurfürstin Dorothea zur Sommerfrische ins Barockschloss Caputh. Außerdem zieht die Gegend Künstler an, die hier unter anderem die Havelländische Malerkolonie begründeten. Neben dem ihnen geweihten kleinen Museum lassen sich Landschaftsparks, Kirchen und ein japanischer Bonsaigarten entdecken.

Eine Augenweide: die Havellandschaft um Petzow

Infos zur Tour

Anfahrt & Rückfahrt

Hauptbahnhof Potsdam (S7 alle 10 Min., ca. 40 Min. ab/bis S-/U-Bhf. Friedrichstraße, oder RE 1 alle 20 Min., ca. 30 Min. ab/bis S-/U-Bhf. Friedrichstraße)

Streckenverlauf

Potsdam – Caputh – Ferch – Petzow – Geltow – Potsdam

Streckencharakteristik

Landschaftlich sehr reizvolle Tour auf teils asphaltierten Radwegen, teils fein geschotterten oder Waldwegen, zum Teil straßenbegleitend (von Potsdam nach Caputh neben stark, von Caputh nach Geltow neben mäßig befahrener Landstraße).

Schwierigkeit

Einfach, wenige Steigungen

Für Kinder

Ja

Beschilderung

F1 (ganze Strecke), R1 von Ferch bis Potsdam, außerdem Havel-Radweg von Geltow bis Potsdam

Einkehren

Fährhaus Caputh
Straße der Einheit 88 · 14548 Schwielowsee-Caputh · (03 32 09) 7 02 03 · www.faehrhaus-caputh.de · März/Nov./Dez. Fr–So 12–20, Apr.–Okt. tgl. ab 12 Uhr
Uriges Traditionslokal.

Kavalierhaus im Schlosspark Caputh
Lindenstraße 60 · 14548 Schwielowsee · (03 32 09) 8 46 30 · www.kavalierhaus-caputh.de ·
Für Nicht-Hotelgäste bietet das Restaurant nur den Sonntagsbrunch von 11 bis 15 Uhr.
Gehobene Küche in stilvollem Rahmen. Mit Terrasse am See. Auch geschmackvolle Zimmer (EZ ab 100 € / DZ ab 135 €).

Sanddorngarten Petzow
Apr.–Okt. tgl. 12–18, Winter Mo–Fr 12–17, Sa/So 12–18 Uhr
Auf dem Gelände des Sanddorngartens gibt es auch einen Hofladen mit Café und Imbiss.

Baden

Badestellen und Strandbäder am Templiner und am Schwielowsee (Waldbad Templin ► Seite 78)
Seebad Caputh · Weg zum Strandbad 1 · 14548 Schwielowsee, OT Caputh · (03 32 09) 80 851 · www.seebad-caputh.de · in der Saison je nach Witterung ab 11 Uhr ·
8,50 € / 3,50 € /Familie 18 €
Strandbad Ferch · Dorfstraße 41a · 14548 Schwielowsee, OT Ferch · (01 51) 24 00 26 39 · www.strandbadferch.de · Mo/Mi/Do 12–18, Fr–Sa 12–19 Uhr, Di Ruhetag (oder witterungsbedingt) · 3,50 €/ 2 €

Tour kombinierbar mit

Touren 11 und 12

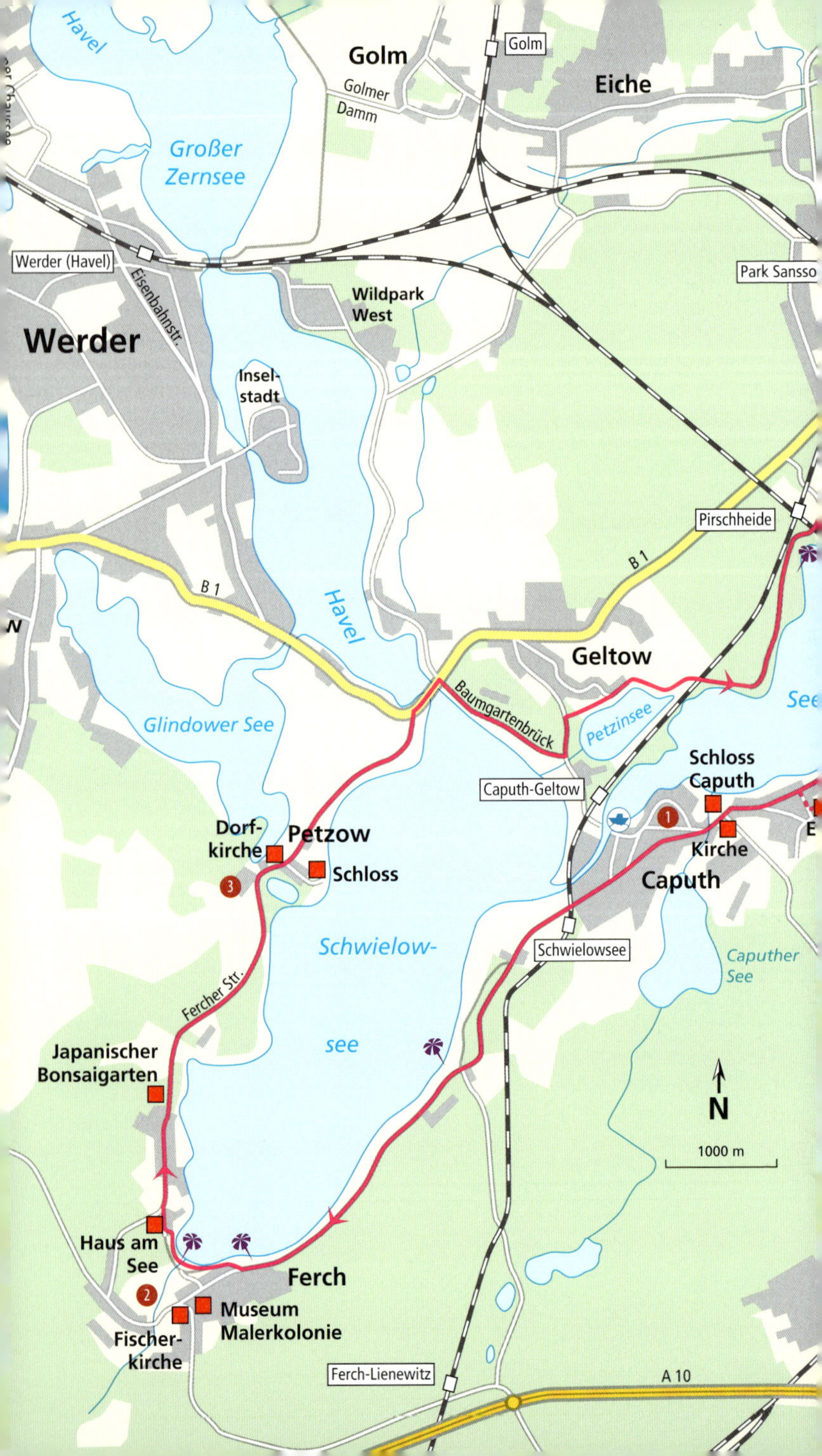
Havel
Golm
Golm
Golmer
Damm
Eiche
Großer
Zernsee
Werder (Havel)
Eisenbahnstr.
Park Sansso
Wildpark
West
Werder
Insel-
stadt
Pirschheide
B 1
B 1
Havel
Geltow
Baumgartenbrück
See
Glindower See
Petzinsee
Schloss
Caputh
Caputh-Geltow
1
Dorf-
kirche
Petzow
Schloss
Kirche
3
Caputh
Schwielow-
Schwielowsee
Caputher
See
Fercher Str.
see
Japanischer
Bonsaigarten
N
1000 m
Haus am
See
Ferch
2
Museum
Malerkolonie
Fischer-
kirche
Ferch-Lienewitz
A 10

Bornim
Amundsenstr.
Volks-
park
Potsdam
Nedlitzer Str.
Pfingstberg
B 273
Eiche
Park Sanssouci
Charlottenstr.
Breite Str.
Moschee
Potsdam Hbf.
Park Sanssouci
Charlottenhof
Havel
Leipziger Str.
Potsdam
Hermanns-
werder
Templiner Str.
Templiner
Pirschheide
B 1
B 2
Waldbad
Geltow
See
Petzinsee
Schloss
Caputh
-Geltow
Einsteinhaus
Kirche
Caputh
Schwielowsee
Caputher
See
Wilhelmshorst
B 2
Wilhelmshorst
N
1000 m
Michendorf
Michendorf

Tour auf einen Blick

km 0	Vom ***Hauptbahnhof Potsdam*** über die Leipziger und später Templiner Straße am See entlang nach Caputh.
km 6	Von ***Caputh*** über die Linden- und später Schwielowseestraße durch den Ort und auf dem straßenbegleitenden Radweg nach Ferch.
km 14	Von ***Ferch*** über die Fercher Straße auf dem Europaradweg R1 nach Petzow.
km 19	Von ***Petzow*** auf dem R1/F1 Richtung Geltow und rechts über die Berliner Chaussee und über die Havelbrücke hinüber.
km 21	An der ***Havelbrücke*** rechts am Ufer des Schwielowsees entlang und links über die Caputher Chaussee zum Petzinsee. Weiter zum Templiner See, auf dem Uferweg nach Potsdam und rechts über die Berliner Straße zum Hauptbahnhof.
km 34	***Hauptbahnhof Potsdam***

Vom Hauptbahnhof Potsdam nach Caputh

0 km *Am **Bahnhofsvorplatz** hält man sich rechts und überquert die Heinrich-Mann-Allee. Auf der anderen Seite führt die Leipziger Straße hinunter und bald rechts die Templiner Straße mit straßenbegleitendem Radweg aus der Stadt hinaus. Durch Wald mit erstaunlich hohem Baumbestand geht es an der Halbinsel Hermannswerder, am* **Templiner See** *mit dem Waldbad Templin und der Gaststätte Forsthaus Templin (mit selbst gebrautem Naturbier!)*
6 km *entlang nach **Caputh** (Waldbad Templin · Templiner Straße 110 · 14473 Potsdam · (03 31) 6 61 98 37 · Ende Apr.–Mitte Sep. · 4,90 € / erm. 2–3 €/ Familie 9,80 €/ ab 17 Uhr 2,50 €).*

⇨ Abstecher zum Albert-Einstein-Haus

Gleich am Ortseingang von Caputh lohnt ein Abstecher zum Sommerdomizil Albert Einsteins, das hoch auf einem steilen Berg liegt. Dazu biegt man links in die Waldstraße, dann wieder links in die Rosenstraße und noch einmal links in die Straße Am Waldrand. Das Albert-Einstein-Haus befindet sich in der Nummer 15–17.

Von Architekt Konrad Wachsmann ließ sich der Nobelpreisträger 1929 ein schlichtes Holzhaus mit weißen Fensterläden, Flachdach und einer großen Sonnenterrasse bauen. So schlicht es wirkt – auch Max Planck, Heinrich Mann und Max Liebermann waren hier schon zu Besuch. Später wurde das Haus von den Nazis konfisziert und von der Wehrmacht genutzt. Inzwischen können es Besucher wieder von innen bewundern (Am Waldrand 15–17 · (03 31) 27 17 80 · www.einsteinsommerhaus.de · nur Apr–Okt. Sa/So/Fei 10–18 Uhr · 5 € / 2,50 € · Nur mit Führung innerhalb der Öffnungszeiten zur vollen Stunde zu besichtigen).

So unscheinbar **Caputh** 1 auf den ersten Blick wirkt, überrascht es gleich mit mehreren Kleinoden. Neben der von Friedrich August Stüler im frühchristlichen Stil erbauten Dorfkirche mit hölzerner Kassettendecke ist das frühbarocke **Schloss Caputh** eine besondere Perle. Nachdem es der Große Kurfürst Friedrich Wilhelm 1671 seiner Gemahlin Kurfürstin Dorothea schenkte, wurde es ihre kleine, feine Sommerresidenz. Besonders beeindruckend sind der Festsaal mit barockem Deckengemälde und der Fliesensaal im Untergeschoss, dessen Wände und Decke mit mehr als 7 500 blau-weißen holländischen Fayence-

Einsteins bevorzugter Erholungsort: der Templiner See

Fliesen ausgekleidet sind. Außerdem geben unzählige Gemälde, Lackmöbel, verzierte Spiegel, Marmorskulpturen und Porzellan eine Vorstellung von der Raumdekoration in der Zeit um 1700 (Schloss Caputh · Straße der Einheit 2 · (03 31) 7 03 45 · Apr.–Okt. Di–So 10–17.30 Uhr, Nov.–März Sa/So 10–16 Uhr· 8 € / 6 €). Den Schlosspark gestaltete Peter Joseph Lenné 1820 zum Landschaftsgarten um. Im ehemaligen **Kavalierhaus** am Seeufer, das General Heinrich Ludwig August von Thümen in klassizistischem Stil erbauen ließ, lässt sich speisen und wohnen (► Seite 75).

Von Caputh nach Ferch

In Caputh fährt man auf der Linden-, später Friedrich-Ebert-Straße durch den Ort und auf dem die Landstraße begleitenden Fahrrad-
14 km *weg weiter nach* ***Ferch.*** *Zwischendurch geht es wieder durch dichten Wald. Um einen Eindruck von der hübschen Wasserlandschaft zu bekommen, biegt man am Ortseingang von Ferch am Fercher Landhaus rechts in den wunderschönen Uferweg ein, der an den früheren Häusern einiger Maler entlangführt.*

Die Fischerkirche von Ferch

Mit dem Barockschloss von Caputh kann **Ferch** ❷ nicht mithalten, dafür ist es ein besonders idyllisches Fleckchen, das traditionell viele Künstler, vor allem Landschaftsmaler, anzieht. Die Pleinairisten, wie die Freiluftmaler genannt werden, bildeten hier vor rund 130 Jahren die Havelländische Malerkolonie. Exponent war der 1848 in Werder geborene Karl Hagemeister, der sich hier zu impressionistisch anmutenden Bildern von Seerosen, Birkenhainen und Wasserlandschaften inspirieren ließ. Zu Hagemeister gesellte sich der Wiener Maler Carl Schuch, zeitweise kamen Max Liebermann oder Lovis Corinth zu Besuch. Nach Theodor von Brockhusen, dem „deutschen van Gogh“, entdeckte schließlich Hans Wacker die Gegend für sich. Auf ihre Spuren führt ein **Kunstpfad,** der die früheren Wohnhäuser der Maler kennzeichnet, außerdem das **Museum der Havelländischen Malerkolonie,** das in einem alten Kossätenhaus untergekommen ist (Beelitzer Straße 1 · (03 32 09) 2 10 25 · www.havellaendische-malerkolonie.de · Mai–Okt. Do–So 12–16, sonst Sa/So 12–16 Uhr · 3 € / 2,50 €). Bevor man den Ort verlässt, sollte man noch einen Blick auf die **Fischerkirche** nahe dem Museum werfen. Um 1630 entstanden, beeindruckt der hübsche Fachwerkbau mit einer gewölbten Holzdecke, die einem umgedrehten Kahn ähnelt.

Von Ferch nach Petzow

Das Teehaus im Japanischen Garten

Auf dem Uferweg geht es weiter am See entlang, am Hotel-Restaurant Haus am See wieder links in den Ort hinein und auf der Fercher Straße aus Ferch heraus. Am Ortsausgang wartet noch ein Kleinod ganz anderer Art – der **Japanische Bonsaigarten.** *Etwa 1 000 Miniatur-Pflanzen sind liebevoll um ein Teehaus arrangiert, das erlesene Spezialitäten serviert (Fercher Straße 61 · (03 32 09) 7 21 61 · www.bonsai-haus.de · Ende Apr.–Okt. Mi–So 11–18 Uhr (letzte Oktoberwoche Laternenfest) · 7 € / 3–6 €). Weiter geht es auf dem bequemen, grünen Europaradweg R1 neben der Landstraße nach* ***Petzow.*** ***19 km***

So winzig **Petzow** ❸ ist – auch hier waren berühmte Baumeister am Werk. So wurde die Dorfkirche mit ihren romanischen Rundbogenfenstern 1842 von Gustav Emil Prüfer nach Entwürfen Schinkels errichtet. Der Turm bietet eine fantastische Aussicht auf die Seenlandschaft (Dorfkirche Petzow · (03 38 41) 9 14 42 · Apr.-Okt. Sa/So 11-18, Feb./ März/ Nov. Sa/So 13–16 Uhr). Gegenüber steht das neugotische **Schloss Petzow.** Auch an diesem Bauwerk im englischen Tudorstil hat Schinkel mitgewirkt. Nach langwieriger Restaurierung sind hier Eigentumswohnungen untergekommen. Inzwischen ist auch das 1825 nach Plänen von Schinkel erbaute Waschhaus, ein wahres Kleinod, restauriert. Es beherbergt das Heimatmuseum und kann Ende Apr.–Okt. So 13–17 Uhr besichtigt werden.

Von Petzow nach Geltow

In Petzow folgt man dem mit R1/F1 ausgeschilderten Radweg in Richtung Geltow, fährt am **Frucht-Erlebnis-Garten** *und dem Resort Schwielowsee vorbei bis zu einer großen Kreuzung, wo es rechts an der Berliner Chaussee entlang und weiter über eine Brücke nach*
21 km *Geltow geht. Die* ***Havelbrücke*** *eröffnet einen wunderbaren Blick auf die Havellandschaft mit Werder im Hintergrund. Auf der anderen Seite führt hinter der Treppe ein kleiner Weg zum Ufer hinunter.*

Von Geltow nach Potsdam

Am Ufer folgt man der Straße Baumgartenbrück Richtung Caputh und Potsdam. An der Weggabelung Geltower/Caputher Chaussee radelt man links ein Stück über die Caputher Chaussee und biegt bald rechts ab zum **Petzinsee,** *den herrschaftliche Villengrundstücke säumen. Weiter führt der Weg durch dichten Mischwald zum* **Templiner See.** *An größeren Hotels, kleinen Marinas und Segelschulen vorbei geht es auf einem schönen Uferweg in Richtung Potsdam. Dort führt die Straße Auf dem Kiewitt rechts in die Zeppelinstraße und wieder rechts in die Breite Straße, wo man an der Neustädter Havelbucht noch einen Blick auf die „Moschee“ werfen kann.*

Am Templiner See

Bei der **Potsdamer Moschee** handelt es sich in Wirklichkeit nicht um ein islamisches Gotteshaus, sondern um ein von Ludwig Persius um 1843 errichtetes Dampfmaschinenhaus – erbaut in orientalischem Stil und mit Minarett als Schornstein. Von hier wurde Havelwasser in das große Bassin am Ruinenberg von Potsdam gepumpt, um so die Fontänen des nahen Parks von Schloss Sanssouci zu speisen (Breite Str. 28 · nur für Veranstaltungen geöffnet).

Zum Potsdamer Hauptbahnhof

Von der „Moschee“ führt die Breite Straße (mit Radweg) und halb rechts die Friedrich-Ebert-Straße über die Lange Brücke zum
34 km ***Hauptbahnhof.***

Über die Insel Potsdam zum Schloss Marquardt 11

Start	Ziel	Länge	Fahrzeit
Hbf. Potsdam	Hbf. Potsdam	33,5 km	3,5 Std.

Nein, Sanssouci ist es nicht. Aber das Herrenhaus, das in einem wunderschönen Landschaftspark vor sich hin träumt, hat Charme. Vielleicht auch deshalb, weil es der Hauch des Geheimnisvollen umweht. Fontane zufolge sollen hier zur Zeit König Friedrich Wilhelms II. spiritistische Sitzungen stattgefunden haben. Heute gibt der Bau den passenden Rahmen für Filme, Hochzeitsfeste und das Festival Rohkunstbau mit zeitgenössischer Kunst. Schon der Weg nach Marquardt hat seinen Reiz: Kaum hat man das Potsdamer Stadtzentrum verlassen, wird es erstaunlich ländlich. Stille Dörfer, Felder und der unscheinbare Persiusturm säumen den Weg zum Sacrow-Paretzer-Kanal.

Landschaftsplanung jenseits von Sanssouci: auf der Insel Potsdam

Infos zur Tour

Anfahrt & Rückfahrt

Hauptbahnhof Potsdam
(S7 alle 10–20 Min., ca. 40 Min. ab/bis S-/U-Bhf. Friedrichstraße, oder RE 1 alle 30 Min., ca. 30 Min. ab/bis S-/U-Bhf. Friedrichstraße)

Alternative Rückfahrt ab Marquardt
(RB 21 alle 1–2 Std. bis Potsdam Hbf., weiter mit RE 1 bis Berlin Hbf., oder RB 21 nach Bhf. Gesundbrunnen, alle 60 Minuten, 47 Minuten Fahrzeit (▶ Seite 90)

Streckenverlauf

Potsdam – Kolonie Alexandrowka – Volkspark Potsdam – Bornimer Feldflur – Marquardt – Grube – Nattwerder – Golm – Eiche – Park Sanssouci – Potsdam

Streckencharakteristik

Schöne Rundtour auf gut befahrbaren Wald- und Feldwegen, zum Teil auch Plattenwegen, einzelne Abschnitte auf wenig befahrener Straße, meist mit straßenbegleitendem Radweg (von Potsdam nach Nedlitz).

Schwierigkeit

Einfach

Für Kinder

Ja

Beschilderung

Lokal Potsdamer Radwanderwege F 2.2 und F 3 von Marquardt bis Gut Schloss Golm (Am Zernsee 1 · 14476 Potsdam · Apr.–Okt. Sa/So ab 13 Uhr)

Einkehren

Unterwegs gibt es nicht viele Einkehrmöglichkeiten. Deshalb sollte man Proviant mitnehmen – idealer Picknickplatz ist die Terrasse des Schlosses Marquardt.

Zum alten Krug · Potsdam
Hauptstraße 2 · 14476 Potsdam · (03 32 08) 5 72 33 ·
Di–Do 16–23, Fr–So, Fei 12–23 Uhr (im Winter Schließzeiten)
Gemütlicher Landgasthof mit guter Küche, auch großer Biergarten.

Hotel-Restaurant Gut Schloß Golm
Zernsee 1 · 14476 Potsdam, OT Golm · (01 72) 3 01 05 66 · www.gutschloss-golm.de · Mitte Apr.–Mitte Okt. Do–So 12–21 Uhr, sonst untersch. Zeiten
Gehobene Küche in elegantem Rahmen und im Garten, auch drei sehr komfortable Zimmer (DZ 120 €).

Gartencafé vom Museum Alexandrowka
Russische Kolonie 2 · 14469 Potsdam · 0157 50 97 46 52, www.alexandrowka.de · Apr.–Okt., z. T. auch im März Do–Di 10–18 Uhr, z. T. auch länger
Ein wunderbarer Ort ist der Lennésche Obstgarten hinter dem Museum, wo man bei erfrischenden Getränken, Kaffee, Kuchen oder Eis verweilen kann.

Baden

Badestellen am Schlänitzsee (Schlosspark Marquardt) und am Großen Zernsee (Gut Schloss Golm)

Tour kombinierbar mit

Touren 8, 9 und 12

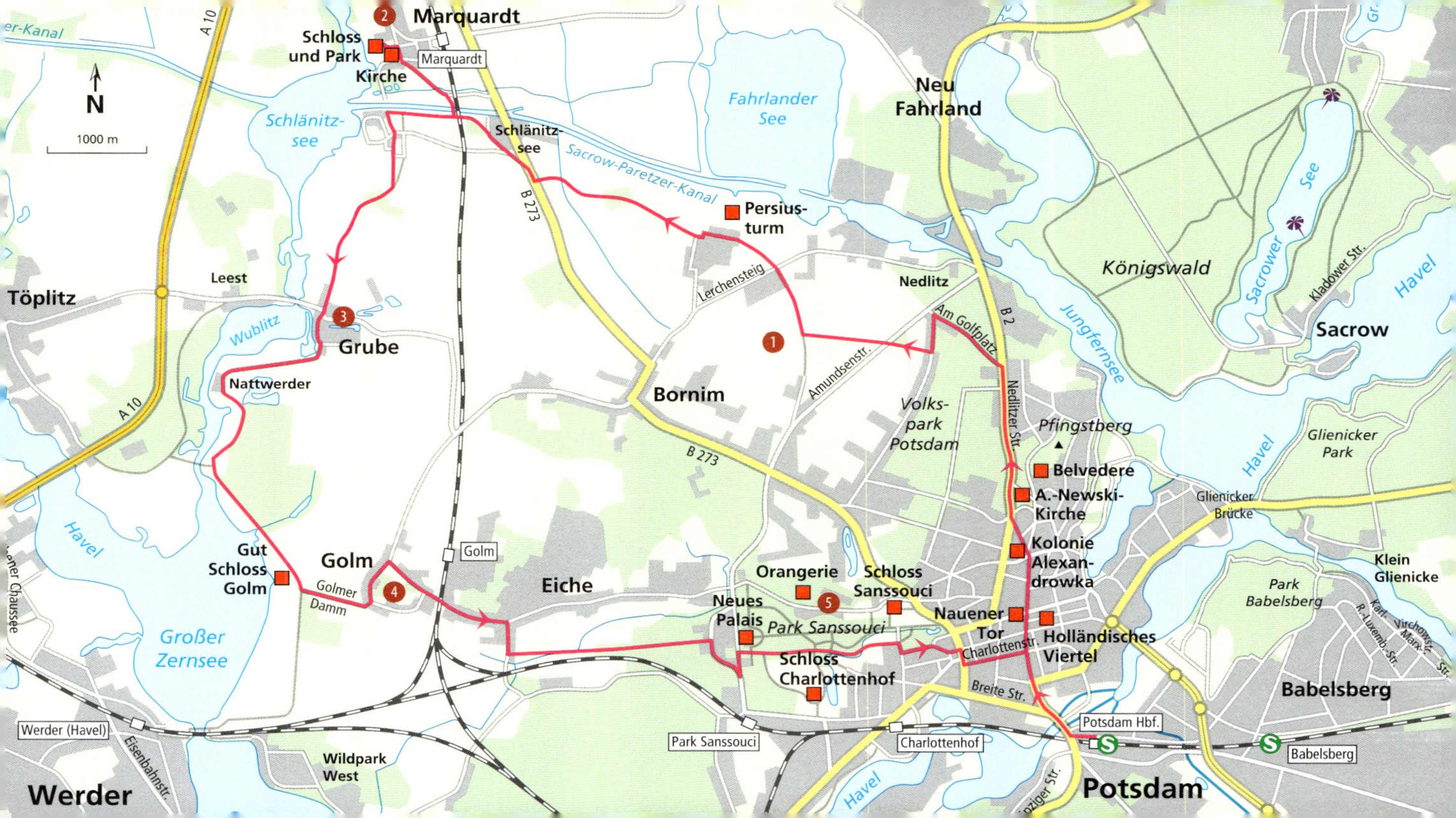
Marquardt
Schloss und Park
Kirche
Marquardt
N
1000 m
Schlänitzsee
Schlänitzsee
Sacrow-Paretzer-Kanal
Fahrlander See
Neu Fahrland
Persiusturm
Leest
Töplitz
Wublitz
Grube
Nattwerder
Lerchensteig
Nedlitz
Am Golfplatz
B 2
B 273
Bornim
Amundsenstr.
Volkspark Potsdam
Nedlitzer Str.
Pfingstberg
Belvedere
A.-Newski-Kirche
Kolonie Alexandrowka
Königswald
Sacrower See
Kladower Str.
Havel
Sacrow
Jungfernsee
Glienicker Park
Glienicker Brücke
Klein Glienicke
Park Babelsberg
A 10
Havel
Gut Schloss Golm
Golm
Golmer Damm
Golm
Eiche
Orangerie
Schloss Sanssouci
Neues Palais
Park Sanssouci
Schloss Charlottenhof
Nauener Tor
Charlottenstr.
Holländisches Viertel
Breite Str.
Großer Zernsee
Werder (Havel)
Eisenbahnstr.
Wildpark West
Werder
Park Sanssouci
Charlottenhof
Potsdam Hbf.
Babelsberg
Potsdam
Babelsberg
R.-Luxemb.-Str.
Karl-Marx-Str.
Virchowstr.

Tour auf einen Blick

km 0	Vom ***Hauptbahnhof Potsdam*** rechts über die Lange Brücke und die Friedrich-Ebert-Straße am Holländischen Viertel vorbei und durch das Nauener Tor zur Kolonie Alexandrowka.
km 2	Von der ***Kolonie Alexandrowka*** auf der Nedlitzer Straße am Volkspark (Buga-Park) vorbei und links über die Straßen Am Golfplatz und Am Vogelherd, dann rechts über die Grenzallee zum Persiusturm.
km 9	Vom ***Persiusturm*** in westlicher Richtung über die B 273 hinweg und links über den Königsdamm und die Marquardter Straße zum Sacrow-Paretzer-Kanal. Links am Wasser entlang, dann über die Eisenbahnbrücke nach Marquardt.
km 12	Von ***Marquardt*** zurück über den Kanal, rechts nach Schlänitzsee und links durch Felder- und Waldlandschaft, später am Großen Zernsee entlang über Grube und Nattwerder zum Gut Schloss Golm. Dort links in östlicher Richtung über Potsdam-Golm und -Eiche zum Park Sanssouci.
km 28,5	Auf dem zugelassenen Fahrradweg durch ***Park Sanssouci,*** über den Luisenplatz hinweg und rechts über die Schopenhauerstraße, links die Charlottenstraße und rechts die Friedrich-Ebert-Straße zum Hauptbahnhof.
km 33,5	***Hauptbahnhof Potsdam***

Vom Hauptbahnhof zum Holländischen Viertel

0 km *Im* ***Hauptbahnhof*** *nimmt man den Ausgang Babelsberger Straße, hält sich links und fährt über die Lange Brücke ins Zentrum. Am Stadtschloss vorbei erreicht man die Friedrich-Ebert-Straße, die direkt am Holländischen Viertel vorbeiführt.*

Mitten in **Potsdam** stehen plötzlich rote Backsteinhäuser mit geschwungenen Giebeln, wie man sie aus den Niederlanden kennt: das **Holländische Viertel,** das der Soldatenkönig für seine holländischen Bürger errichten ließ und das heute eine besondere Perle unter Potsdams Sehenswürdigkeiten ist. Erbaut hat es der aus den Niederlanden stammende Schiffbaumeister **Jan Bouman.** Nach ihm wurde auch das Haus in der Mittelstraße 8 benannt, in dem eine Ausstellung über die Geschichte des Viertels zu sehen ist (www.jan-bouman-haus.de · Mo, Fr 13–18, Sa/So 11–18 Uhr ·

3 € / 2 €). Rundherum laden schöne Geschäfte, Cafés und Restaurants zum Bummeln ein.

Vom Holländischen Viertel zur Kolonie Alexandrowka

Vom Holländischen Viertel geht es weiter auf der Friedrich-Ebert-Straße und durch das **Nauener Tor** *zur* ***Kolonie Alexandrowka.*** *2 km*

Die zum UNESCO-Welterbe gehörende **Kolonie Alexandrowka** besteht aus 13 russisch anmutenden Blockhäusern, die Friedrich Wilhelm III. um 1826 erbauen ließ, um seinem kurz zuvor verstorbenen Freund Zar Alexander ein bleibendes Denkmal zu setzen. Genau genommen sind es Fachwerkhäuser, die mit Holzbohlen, Balkonen und Schnitzwerk verziert wurden und in denen die Sänger unterkamen, die nach dem Sieg der preußischen und russischen Truppen über Napoleon als Geschenk des Zaren in preußischen Diensten blieben. Ein kleines Museum im Haus Nummer 2 gibt Einblicke in das frühere Leben in der Kolonie. Daneben lädt ein schönes Gartencafé zu russischen Spezialitäten ein (Museum Alexandrowka · Alexandrowka 2 · (03 31) 8 17 02 03 · www.alexandrowka.de · aktuelle Öffnungszeiten siehe Homepage · 3,50 € / 3 €).

Von der Kolonie Alexandrowka zum Persiusturm

Durch die Kolonie hindurch geht es nördlich auf die Nedlitzer Straße.

Abstecher zur Alexander-Newski-Kapelle und zum Belvedere auf dem Pfingstberg

Nach etwa 300 Metern zweigt rechts der Nedlitzer Straße der Weg zum Kapellenberg ab. Auf der bewaldeten Anhöhe steht die hübsche **Alexander-Newski-Kapelle.** *Von Schinkel erbaut, ist hier seit 1986 die russisch-orthodoxe Gemeinde zu Hause. Von der Kapelle sind es nur ein paar hundert Meter zum Belvedere auf dem Pfingstberg. Der Weg führt am jüdischen Friedhof entlang auf den Berg.*

Wo sich Anfang des 19. Jahrhunderts der Judenberg befand, erhebt sich heute das **Belvedere,** ein stolzer Prachtbau mit Kolonnaden im Stil italienischer Renaissance-Villen mit herrlichem Panoramablick. 1847–1863 von Persius, Stüler, Hesse und von Arnim erbaut, ist das Bauwerk von Rasenparterres und einem Vorhof mit Laubengang umgeben, im Innenhof dient ein Wasserbecken der Versorgung des Neuen Gartens (Apr.–Okt. So–Fr 10–17, Sa 10–18 Uhr, Nov.–März Sa/So 10–16 Uhr · 8 € / 6 € / Familie 10–17 €). Dicht dabei steht der sehr viel kleinere **Pomonatempel,** der 1801 vom damals 19-jährigen Karl Friedrich Schinkel erbaut wurde (Apr.–Sep. Sa/So 14–17 Uhr · Eintritt frei).

Hinter Schloss Belvedere führt links ein Weg zurück auf die Nedlitzer Straße, wo man sich rechts hält.

Die Nedlitzer Straße führt weiter in nördlicher Richtung stadtauswärts, zunächst am **Volkspark Potsdam,** *später an alten Kasernen vorbei, bis links die Viereckremise und gleich wieder rechts die Straße Am Golfplatz abzweigt, die an Siedlungshäusern vorbei in Richtung Nedlitz führt. Kaum hat man die Stadt verlassen, wird es ländlich. Felder, kleine Wälder und Wiesen voller Korn- und Mohnblumen wechseln einander in der* **Bornimer Feldflur** ❶ *ab. Kurz vor der Amundsenstraße biegt man links in die Straße Am Vogelherd ein und dann nach 300 Metern rechts in die Grenzallee, bis bald wieder rechts die Lindenallee abzweigt. Von schönen Blumen gesäumt, führt sie in weitem Bogen über den Lerchensteig hinweg an einem Antennenfeld des Astrophysischen Instituts Potsdam vorbei, das Radiosignale aus dem Kosmos empfängt, zu einem von*
9 km *Friedrich Ludwig Persius erbauten* **Turm.**

Der **Persiusturm** ist das Relikt einer Gutsanlage, die der Baumeister zusammen mit dem preußischen Hofgärtner Hermann Sello um 1844 im Stil eines florentinischen Landhauses anlegte. So elegant er wirkt, seine Funktion bestand darin, die Arbeiter auf den umliegenden, zum Krongut Bornim gehörenden Feldern zu überwachen.

Vom Persiusturm nach Marquardt

Auf einem Plattenweg und durch ein Waldstück geht es zur B 273. Hier hält man sich zunächst ein kleines Stück rechts, quert die Straße und fährt auf der linken Straßenseite beim Hinweisschild Schlänitzsee in den Königsdamm und weiter in die Marquardter Straße, die in eine Gartenkolonie führt. An der Gabelung wählt man die linke Abzweigung und gelangt auf dem Schwarzen Weg zum **Sacrow-Paretzer-Kanal,** *wo häufig Angler ihre Leine ins Was-*

ser halten. Hier geht es ein kleines Stück links am Wasser entlang bis zur Eisenbahnbrücke. Auf ihr überquert man den Kanal und fährt weiter geradeaus nach **Marquardt** ❷. *Das Schloss und der Park liegen auf der linken Straßenseite hinter der Kirche.* *12 km*

Das verspielte **Schloss Marquardt** mit seiner großen Terrasse und dem malerischen Landschaftspark am Seeufer ist eine perfekte Filmkulisse – und fungierte auch als solche in „Aimée und Jaguar“. Dabei hat es selbst eine wechselvolle, filmreife Geschichte hinter sich. Im 14. Jahrhundert erstmals urkundlich erwähnt, soll das altwendische Fischerdorf Schorin bereits auf die Bronzezeit zurückgehen. 1704 erhielt dann Schlosshauptmann Marquardt Ludwig von Printzen den dortigen Gutsbesitz zum Lehen und durfte ihn nach seinem Vornamen benennen. Hans Rudolph von Bischoffwerder, General und Minister unter König Friedrich Wilhelm II., und sein Sohn bauten das Herrenhaus in der ersten Hälfte des 19. Jahrhunderts weiter aus und ließen den Landschaftsgarten neu anlegen, der die Handschrift Peter Joseph Lennés verrät. In der Blauen Grotte sollen damals, so schrieb Fontane, spiritistische Sitzungen des Rosenkreuzer-Ordens abgehalten worden sein, an denen auch König Friedrich Wilhelm II. teilnahm. Wo auf dem Parkgelände sich die Blaue Grotte befand, ist bis heute ein Rätsel.

Schloss Marquardt

Kein Rätsel ist, dass Ende des 19. Jahrhunderts ein Berliner Industrieller den neubarocken Gutsbesitz erwarb und ihn abermals erweiterte. 1932 pachtete ihn dann das Hotelunternehmen Kempinski. Schloss Marquardt wurde zum beliebten Ausflugsziel, es gab sogar eine eigene Buslinie, die Gäste vom Berliner Bahnhof Zoo hierher brachte. Später diente das Hotel als Lazarett, Flücht-

Im Schlosspark Marquardt

lingsheim und beherbergte das Institut für Obstbau und Obstzüchtung der Humboldt-Universität zu Berlin. Heute wird das Gebäude, das reichlich Patina angesetzt hat, für private Veranstaltungen genutzt. Ansonsten gibt es eine schöne Kulisse für ein Picknick her.

Wer will, kann vor der Rückfahrt noch einen Blick auf die **Dorfkirche** von Marquardt werfen, die ein Geschenk des Gutsbesitzers Louis Ravené war. 1901 errichtet, mischen sich an dem Backsteinbau neuromanische mit neugotischen Formen.

Alternative Rückfahrt von Marquardt

Wer nicht nach Potsdam zurückradeln will, kann in Marquardt mit der Regionalbahn über Potsdam Hbf. bis Berlin Hauptbahnhof oder direkt von Marquardt nach Berlin Gesundbrunnen zurückfahren.

Von Marquardt zum Park Sanssouci

Von Marquardt geht es zurück über den Kanal, wo man sich jetzt rechts hält und der Ausschilderung nach Grube folgt. Dazu fährt man zur Siedlung Schlänitzsee, biegt dort links ab und fährt immer geradeaus durch Felder, Weiden und kleine Wäldchen nach **Grube ❸.** *Durch den Ort geht es weiter auf dem Nattwerder Weg nach* **Nattwerder,** *das mit seiner hübschen Dorfkirche am Wasser der Wublitz liegt. Jetzt führt der Radweg durch Waldlandschaft zum* **Gut Schloß Golm** *(▶ Seite 84) am* **Großen Zernsee.** *Früher war es ein Kurhaus, wo sich UFA-Stars von den Dreharbeiten erholten. Heute ist die Villa als gepflegter Restaurant- und Hotelbetrieb vor allem bei Hochzeitspaaren beliebt.*

Am Gut Schloss Golm biegt man links ab und fährt auf dem wenig befahrenen Golmer Damm landeinwärts nach **Golm ❹,** *durch den Ort und an der Kirche rechts weiter auf der Reiherbergstraße. Etwa 400 Meter hinter der Bahnunterführung zweigt rechts der Kuhforter Damm ab, der einen bald wieder rechts auf eine Lin-*
28,5 km *denallee führt. Auf ihr geht es geradewegs auf* ***Park Sanssouci*** *zu. Um zum Eingang südlich des Neuen Palais zu gelangen, der für*

Fahrradfahrer freigegeben ist, umrundet man die Gebäude der Universität Potsdam entgegen dem Uhrzeigersinn. Der Parkweg südlich des Neuen Palais führt nun immer geradeaus zum Ausgang Luisenplatz. Zwischendurch hat man Gelegenheit, sich das eine oder andere Schloss anzusehen. Müde Fahrradfahrer können vom Bahnhof Park Sanssouci (Ecke Am Neuen Palais/Geschwister-Scholl-Straße) über Potsdam Hauptbahnhof auch direkt den Heimweg antreten.

In drei Jahrhunderten entstanden, ist der 300 Hektar große **Park Sanssouci** 5 das Werk vieler Baumeister und steht zu Recht auf der Liste des UNESCO-Welterbes. Anfangs gab es hier nur einen Terrassengarten, wo Friedrich der Große Feigen und Wein anbauen ließ. Mit Entstehung der unterschiedlichen Schlösser entwickelte sich daraus nach und nach ein Landschaftsgarten mit künstlichen Ruinen und Wasserbecken, in dem reizvolle Sichtachsen die Gebäude verbinden. Günstige Kombitickets für die Schlösser gibt es im Besucherzentrum an der Historischen Mühle. An Automaten kann man den freiwilligen Parkeintritt von zwei Euro bezahlen, mit dem die teilweise arg strapazierten Parkanlagen erhalten werden (Besucherzentrum an der Historischen Mühle · An der Orangerie 1 · Apr.–Okt. Di–So 9.30–17.30, im Winter bis 16.30 Uhr · (03 31) 9 69 42 00 · www.spsg.de).

Gleich am Wegesrand der Fahrradstrecke liegt das **Neue Palais.** Es war das letzte und zugleich pompöseste Bauwerk Friedrichs des Großen. 1763–1769 von Johann Gottfried Büring, Heinrich Ludwig Manger, Carl von Gontard und Jean Laurent Legeay erbaut, war es mit einer Länge von 220 Metern eines der größten Schlösser seiner Zeit. Mehr als 400 Skulpturen säu-

Die Dorfkirche von Grube

men das Dach mit Kuppel. Im Inneren beeindrucken prunkvolle Festsäle wie der Marmorsaal mit Gemälden französischer Künstler des 18. Jahrhunderts und der Muschelsaal mit von unzähligen Muscheln, Mineralien, Korallen und Glas geschmückten Wänden. Unbedingt sehenswert ist das Schlosstheater im Südflügel, eines der wenigen erhaltenen Rokoko-Theater, in dem auch Hofkonzerte und Opernaufführungen stattfinden (Neues Palais · (03 31) 9 69 42 02 · Apr.–Okt. Mo, Mi–So 10–17.30, Winter Mo, Mi–So 10–16.30 Uhr · 14 € / 10 € Kombiticket Grand Tour / Königswohnung, mit Audioguide).

Hauptattraktion des Parks ist das nordöstlich gelegene **Schloss Sanssouci,** die Sommerresidenz Friedrichs des Großen, in dem der Monarch sich sans soucis – ohne Sorgen – vergnügte, Flöte spielte und mit Voltaire über Gott und die Welt philosophierte. Zwischen 1745 und 1747 von Georg Wenzeslaus von Knobelsdorff errichtet, besteht es aus zwölf relativ intimen Räumen. Eine Galerie mit französischer Malerei führt über die Bibliothek ins Schlaf- und Arbeitszimmer des Alten Fritz mit Porträts der Königsfamilie. Neben dem Musikzimmer in schönstem Rokoko besticht der Marmorsaal, mit allegorischen Stuckfiguren und Kuppeldach, der sich zur Terrasse hin öffnet. Besonderes Kleinod ist schließlich das mit Blumen- und Vogelmotiven dekorierte Voltairezimmer (Schloss Sanssouci · Apr.–Okt. Di–So 9–17.30, Nov.–März Di–So 10–16.30 Uhr · 14 € / 10 €, jeweils mit Führung oder Audioguide). Neben Schloss Sanssouci und dem Neuen Palais lockt der Park mit einer Vielzahl weiterer Schlösser und Sehenswürdigkeiten, darunter Schloss Charlottenhof, das Chinesische Teehaus, die Orangerie, die Neuen Kammern, die Bildergalerie und die Römischen Bäder.

Vom Park Sanssouci zum Hauptbahnhof Potsdam

Am östlichen Parkausgang Luisenplatz angekommen, quert man diesen, biegt rechts in die Schopenhauerstraße ein und wieder links in die Charlottenstraße. Von dort geht es bald rechts durch
33,5 km *die Friedrich-Ebert-Straße und über die Lange Brücke zum* ***Hauptbahnhof.***

Zu Luises Lieblingsschloss 12

Start	Ziel	Länge	Fahrzeit
Bhf. Marquardt	Bhf. Werder	20,5 km	2,5 Std.

Jeder Preußenkönig hatte sein Lieblingsschloss: Bei Friedrich Wilhelm III. und seiner Gemahlin Luise war es Paretz. Auf den ersten Blick wirkt das „Still-im-Land" genannte Schloss im Havelland eher unscheinbar. Doch bei näherem Hinsehen entpuppt es sich als klassizistisches Kleinod, das in einzigartiger Weise die ländliche Baukunst und Lebenswelt um 1800 vereint. So entschädigt es – zusammen mit Schloss Marquardt – für einige weniger angenehme Abschnitte dieser Radtour, die auf einer Landstraße verlaufen. Nach einem wunderschönen Stück Havel-Radweg kann man sich zum Abschluss in Werder frisch geräucherten Fisch mit Blick auf die Havel schmecken lassen.

Auf dem Havel-Radweg bei Phöben

Infos zur Tour

Anfahrt
Bahnhof Marquardt
(S7 alle 10 Min./RE 1 alle 30 Min. von S-/U-Bhf. Friedrichstraße nach Potsdam Hbf. und RB 21 alle 60 Min., ca. 15 Min. Fahrzeit ab Potsdam Hbf. oder RB21 ab Bhf. Gesundbrunnen, alle 60 Min., 48 Min. Fahrzeit)

Rückfahrt
Bahnhof Werder
(RE 1 alle 30 Min., ca. 35 Min. bis Berlin Hbf.)

Streckenverlauf
Marquardt – Uetz – Paretz – Ketzin – Phöben – Werder

Streckencharakteristik
Kulturell interessante Rundtour auf teils guten, asphaltierten Fahrradwegen, teils Waldwegen und einige Kilometer auf oder an Landstraßen (von Uetz nach Paretz auf mäßig befahrener Landstraße, von Phöben nach Werder auf dem Havelradweg an mäßig, stellenweise stärker befahrener Straße).

Schwierigkeit
Einfach

Für Kinder
Nein (gefährliche Abschnitte auf der Landstraße zwischen Uetz und Paretz)

Beschilderung
Lokaler Radwanderweg Potsdam F 3 (fast durchgängig), Havel-Radweg von Ketzin bis Werder

Einkehren
Auf der Strecke liegen einige gute Ausflugslokale. Besonders groß ist die Auswahl in Werder.

Restaurant Gotisches Haus · Paretz
Parkring 21 · 14669 Ketzin, OT Paretz · (03 32 33) 8 05 09 · www.gotisches-haus-paretz-online.de · Mi–Fr 11–15, Sa/So 11–16.30,
In der historischen Dorfschmiede mit hübscher Terrasse wird eine eher deftige Hausmannskost serviert.

Restaurant An der Fähre · Ketzin
An der Fähre 1 · 14669 Ketzin · (03 32 33) 8 06 32 · www.an-der-faehre.de · Di–So 12–21 Uhr
Gleich neben der Fähre am Havelufer liegt das idyllische Gartenlokal mit einer großen Auswahl an Fischgerichten.

Restaurant Arielle · Werder
Fischerstr. 33 · 14542 Werder · (0 33 27) 4 56 41 · www.fischrestaurant-arielle.de · Sommer Mi–So ab 11.30, Winter Fr/Sa 11.30–15, So 11.30–20 Uhr
Restaurant mit großer Terrasse am Wasser und eigener Fischräucherei.

Baden
Badestelle am Schlänitzsee (Schlosspark Marquardt)

Tour kombinierbar mit
Tour 11

etzin
Paretz
Gotisches Haus
Kirche
Schloss und Park
Havel
Havelkanal
Sacrow-Paretzer-Kanal
Uetz
B 273
A 10
Marquardt
Schloss und Park
Kirche
Marquardt
Göttinsee
Schlänitzsee
Schlär see
Havel
Töplitz
Leest
Wublitz
Grube
Phöben
Nattwerder
Hauptstraße
Kemnitz
Phöbener Chaussee
Havel
Gut Schloss Golm
Golm
Golm
Golmer Damm
Großer Zernsee
Werder (Havel)
Eisenbahnstr.
Wildpark West
Werder
Großer Plessower See
Plessow
Neuplötzin
Inselstadt
Heilig-Geist-Kirche
Obstbaumuseum und Bockwindmühle
B 1
N
1000 m
Glindow
Havel
Baumgartenbrück
Glindower See
Caputh-Geltow
Elisabethhöhe
Petzow
Bliesendorf
1
2
3

Tour auf einen Blick

km 0	Vom ***Bahnhof Marquardt*** ins Dorfzentrum und rechts auf der Hauptstraße in nördlicher Richtung. An der B 273 entlang und vor der Autobahnausfahrt Potsdam-Nord links über Uetz nach Paretz.
km 8,5	Von ***Paretz*** über die Werderdammstraße zur Havel, rechts am Wasser entlang und über die Straße An der Havel nach Ketzin. Mit der Fähre über die Havel und dann links auf dem Havel-Radweg nach Phöben.
km 16	Von ***Phöben*** auf dem Radweg neben der Phöbener Chaussee zum Bahnhof Werder.
km 20,5	***Bahnhof Werder***

Vom Bahnhof Marquardt nach Paretz

0 km *Vom* ***Bahnhof Marquardt*** *fährt man links über die Fährländer Straße ca. 500 Meter ins Dorfzentrum. Wer sich* **Schloss Marquardt** *und seinen Park nicht schon auf der Tour 11 (**► Seite 83**) angesehen hat, hat nun nach dem Überqueren der Hauptstraße Gelegenheit dazu. Ansonsten biegt man an der Hauptstraße rechts ab und verlässt das Dorf in nördlicher Richtung. An der B 273 geht es ein kurzes Stück auf dem linksseitigen Radweg an der Straße entlang, bis kurz vor der Autobahnausfahrt Potsdam-Nord links ein Weg nach Uetz abzweigt. Über Uetz geht es auf ruhiger Landstraße durch eine Lindenallee und weiter an den Uetzer Wiesen, der typischen Luchlandschaft, an herrlichen Rapsfeldern vorbei nach*
8,5 km ***Paretz*** ❶. *Kommt man in das Dorf, zweigt links der Parkring ab, an dem gleich das Schloss liegt.*

Auf den ersten Blick wirkt **Schloss Paretz** recht bescheiden. Erst bei genauerem Hinsehen zeigt sich, was für eine Perle das klassizistische Gebäude ist. Von 1797 bis 1805 von David und Friedrich Gilly als Sommerresidenz für den Kronprinzen und späteren König Friedrich Wilhelm III. und seine Gemahlin Luise erbaut, lässt es mit seinen klaren Formen antike Vorbilder erkennen. Im Innern haben sich neben Möbeln und Grafiken die original bemalten und bedruckten Papiertapeten mit Vogel- und Blumenmotiven erhalten – einzigartige Beispiele für diesen um 1800 so beliebten Raumschmuck.

Neun Jahre lang frönte das Königspaar in dem Musterdorf Paretz während einiger Sommerwochen dem Landleben fern der höfischen Etikette und feierte hier auch das Erntedankfest in bäuerlicher Umgebung. Schloss „Still-im-Land“, wie es auch genannt wird, war vor allem Luises Lieblingssitz, Friedrich Wilhelm soll aber ebenfalls geäußert haben, er wäre lieber Bürgermeister von Paretz als König von Preußen. Nachdem die Königin 1810 im Alter von 34 Jahren gestorben war, kam er allein hierher. Sein Sohn hatte an dem Schloss allerdings kein Interesse. Da es nicht mehr genutzt wurde, hatte sich die Ausstattung aus der Mitte des 19. Jahrhunderts bis 1945 erhalten. Nach gravierenden Eingriffen durch die russischen Besatzer und wechselvollen Nutzungen während der DDR-Zeit wurde es aufwendig restauriert und präsentiert sich heute mit einer sehenswerten Dauerausstellung über das höfische Landleben um 1800 (Schloss Paretz · Parkring 1 · (03 32 33) 7 36 11 · Apr.–Okt. Di–So 10–17.30, Nov.–März Sa/So 10–16 Uhr, letzter Einlass 30 Min. vor Schließung · im Winter Besichtigung nur mit Führung · 8 € / 6 €).

Auch der 7,5 Hektar große **Schlosspark** und die **Paretzer Dorfkirche** mit der Königsloge lohnen einen Blick. In der Loge ist ein Tonrelief Schadows von Königin Luise zu sehen. Dazu hat sich die alte **Dorfschmiede** in neugotischem Stil erhalten – inzwischen ist das „Gotische Haus“ eine beliebte Gaststätte mit schöner Terrasse und gutbürgerlicher Küche.

Die Paretzer Dorfkirche

Von Paretz nach Ketzin

Vom Schloss fährt man auf der Werderdammstraße auf holperigem Kopfsteinpflaster in Richtung Havel. Am Ende der Straße zweigt rechts ein Fahrradweg ab, der den Hinweisschildern zur Fähre folgend durch Gärten und an Siedlungshäusern vorbei und links an der Pferdekoppel als winziger Hohlweg nach **Ketzin** *führt. In Ketzin geht es links zum Fluss, wo bereits die Fähre wartet, die einen für wenig Geld samt Fahrrad auf die andere Seite bringt (Fähre Ketzin · Apr.–Sep. Mo–Fr 5.30–20, Sa, So, Fei 9–18 Uhr, Okt.–März Mo–Fr 5.30–19, Sa/So 9–18 Uhr).*

Von Ketzin zum Bahnhof Werder

Auf der anderen Uferseite zweigt links der gut ausgebaute Havel-Radweg nach Phöben ab. Dies ist der schönste Abschnitt der Tour – auf der einen Seite mäandert der Fluss durch die Landschaft, hin und wieder grüßt ein weißes Segel auf dem Wasser, auf der anderen
16 km *Seite liegen Wiesen und Weiden. In* ***Phöben*** *2 biegt man von der Fährstraße links in die Hauptstraße und durchquert den Ort.*

Wer will, kann sich noch ein bisschen in Phöben umsehen, wo die Dorfkirche, ein freundlicher rechteckiger Saalbau von 1758, die Jahrhunderte überdauert hat. Außerdem gedeihen hier am Wachtelberg auf dem wieder belebten historischen Weinberg seit 1999 wieder Dornfelder-, Weißburgunder- und Regenttrauben, aus denen in Saale/Unstrut Qualitätsweine gekeltert werden.

Weiter geht es auf dem Radweg neben der Phöbener Chaussee nach Werder. Wo die Straße nach rechts abknickt, biegt man links in einen Waldweg, der bald nach rechts abbiegt und auf die Straße An den Havelauen führt. Ab jetzt geht es immer geradeaus durch ein Neubauge-
20,5 km *biet, bis links die Kesselgrundstraße zum* ***Bahnhof Werder*** *führt.*

Eine Augenweide: die Havel zwischen Ketzin und Phöben

Abstecher in die Inselstadt Werder

Wer noch nicht nach Hause will und sich auf ein wohlverdientes Fischbrötchen freut, fährt weiter auf der Phöbener, später Eisenbahnstraße an stattlichen Villen vorbei ins Zentrum von Werder. Um in die hübsche Altstadt auf der Insel zu gelangen, biegt man an der Brandenburger Straße links ab und fährt über die Brücke. Auf demselben Weg geht es später zurück zum Bahnhof.

Am Markt in Werder

Ein besonders idyllisches Fleckchen an der Havel ist die Baumblütenstadt **Werder** ❸. Ursprünglich ein slawisches Fischerdorf, wurde hier in den letzten Jahrhunderten der Obst- und Weinanbau aufgrund des fruchtbaren Bodens immer bedeutender. Im Frühling verwandelt sich die Gegend in eine einzige blühende Prachtlandschaft – deshalb wird auch seit 1879 Ende April das Baumblütenfest gefeiert, zu dem unzählige Ausflügler aus dem Umland kommen. Der alte, denkmalgeschützte Stadtkern des Städtchens liegt auf einer Insel. Schon von der Inselbrücke hat man einen schönen Blick auf die neugotische **Heilig-Geist-Kirche,** die im 19. Jahrhundert nach einem Entwurf von Stüler gebaut wurde und das ungewöhnliche barocke Ölgemälde *Christus als Apotheker* beherbergt. Nicht weit davon entfernt steht das Wahrzeichen der Stadt, die jahrhundertealte **Bockwindmühle.** (Am Mühlenberg 15 · (03 32 77) 8 33 72 · www.reiseland-brandenburg.de/poi/havelland/museen/bockwindmuehle-in-werder-havel/ · Fr 11–15, Sa–So 13–17 Uhr) Die ursprüngliche Bockwindmühle brannte 1973 nieder und wurde 1991 durch eine Mühle gleichen Typs ersetzt, die in der Nähe von Leipzig gefunden wurde. Sie ist nach einer Restaurierung sogar mahlfähig. Ein Besuch am zweiten Augustwochenende ist besonders empfehlenswert, denn es findet ein Mühlenfest statt. Ringsum säumen niedrige Obstbauern- und Fischerhäuser die kopfsteingepflasterten Straßen, in denen Künstler-Ateliers, Galerien und hübsche Cafés locken. Hier und da liegen noch die Netze der Fischer aus, die Luft ist vom Rauch des beliebten Räucherfischs geschwängert.

Neuruppin – Rheinsberg

13 Durch die Ruppiner Schweiz zu den Rheinsberger Seen

Start	Ziel	Länge	Fahrzeit
Bhf. Rheinsberger Tor Neuruppin	Bhf. Rheinsberg	25 km	2,5 Std.

Die Ruppiner Schweiz ist ein besonders liebenswertes Stück Brandenburg. Idyllische Seen und Flüsschen wie der Rhin durchziehen die sanft gewellte Hügellandschaft, von waldreichen Ufergürteln geht es in dichte Kiefern-, Buchen- oder Mischwälder. All das lässt sich ideal auf dem Ruppiner Seen- und Kultur-Radweg mit seinen relativ neu ausgebauten, meist asphaltierten Wegen erschließen. Die gewählte Etappe verbindet dabei auch zwei kulturhistorisch interessante Orte – die Fontanestadt Neuruppin und Rheinsberg, das mit seinem malerischen Schloss nicht nur Kurt Tucholsky in seinen Bann zog.

Blick auf den Rhin bei Molchow

Infos zur Tour

Anfahrt
Bahnhof Rheinsberger Tor in Neuruppin (RE 6 stündlich ab Berlin-Spandau, ca. 68 Min. und ab S-Bhf. Hennigsdorf, ca. 35 Min.)

Rückfahrt
Bahnhof Rheinsberg (Mehrmals tgl. mit RB 54 bis Löwenberg, teilweise auch bis Berlin Gesundbrunnen. In Löwenberg Anschluss an RE5, ca. 1 Std. 46 Min.)

Streckenverlauf
Neuruppin – Alt Ruppin – Molchow – Krangen – Zippelsförde – Rheinshagen – Zechow – Rheinsberg

Streckencharakteristik
Landschaftlich reizvolle Tour, meist auf bequemen, asphaltierten Radwegen, teils auf wenig befahrenen Nebenstraßen. Von Neuruppin nach Alt Ruppin auf straßenbegleitendem Radweg neben der Landstraße.

Schwierigkeit
Einfach, leichte Steigungen

Für Kinder
Ja

Beschilderung
Seen- und Kultur-Radweg (ganze Strecke)

Einkehren
River Café Molchow · Neuruppin
Heimburger Weg 1 · 16827 Neuruppin · (01 79) 5 16 79 84 · www.river-cafe-molchow.de · in der Saison Fr–Di 11–18 Uhr
Der kleine Abstecher zu diesem Café lohnt: Idyllischer als auf der Terrasse am Wasser geht es nicht.

Zum Fischerhof · Rheinsberg
Seestraße 19a · 16831 Rheinsberg · (03 39 31) 3 95 86 · Mi–Sa 12–21 So 12–16 Uhr
Große und kleine Fischgerichte munden mit Blick aufs Wasser.

Seehof · Rheinsberg
Seestr. 18 · 16831 Rheinsberg · (03 39 31) 40 30 · www.seehof-rheinsberg.de · Tgl. 12–14.30 und 18–21 Uhr (Küche), 9–21 Uhr (Restaurant)
Im ersten Haus am Platz speist und wohnt es sich vorzüglich. Die kreative Marktküche, Kuchen und Eis werden auch im schönen Innenhof serviert.

Baden
Badestellen am Ruppiner See, am Rheinsberger See und bei Molchow

Schiffsrundfahrten
Neuruppiner Fahrgastschifffahrt
An der Seepromenade 10 · 16816 Neuruppin · (0 33 91) 4 54 60 · www.schifffahrt-neuruppin.de · Mitte Apr.–Mitte Okt. tgl.
Ruppiner See–Tornowsee und zurück sowie andere Strecken

Tour kombinierbar mit
Tour 14

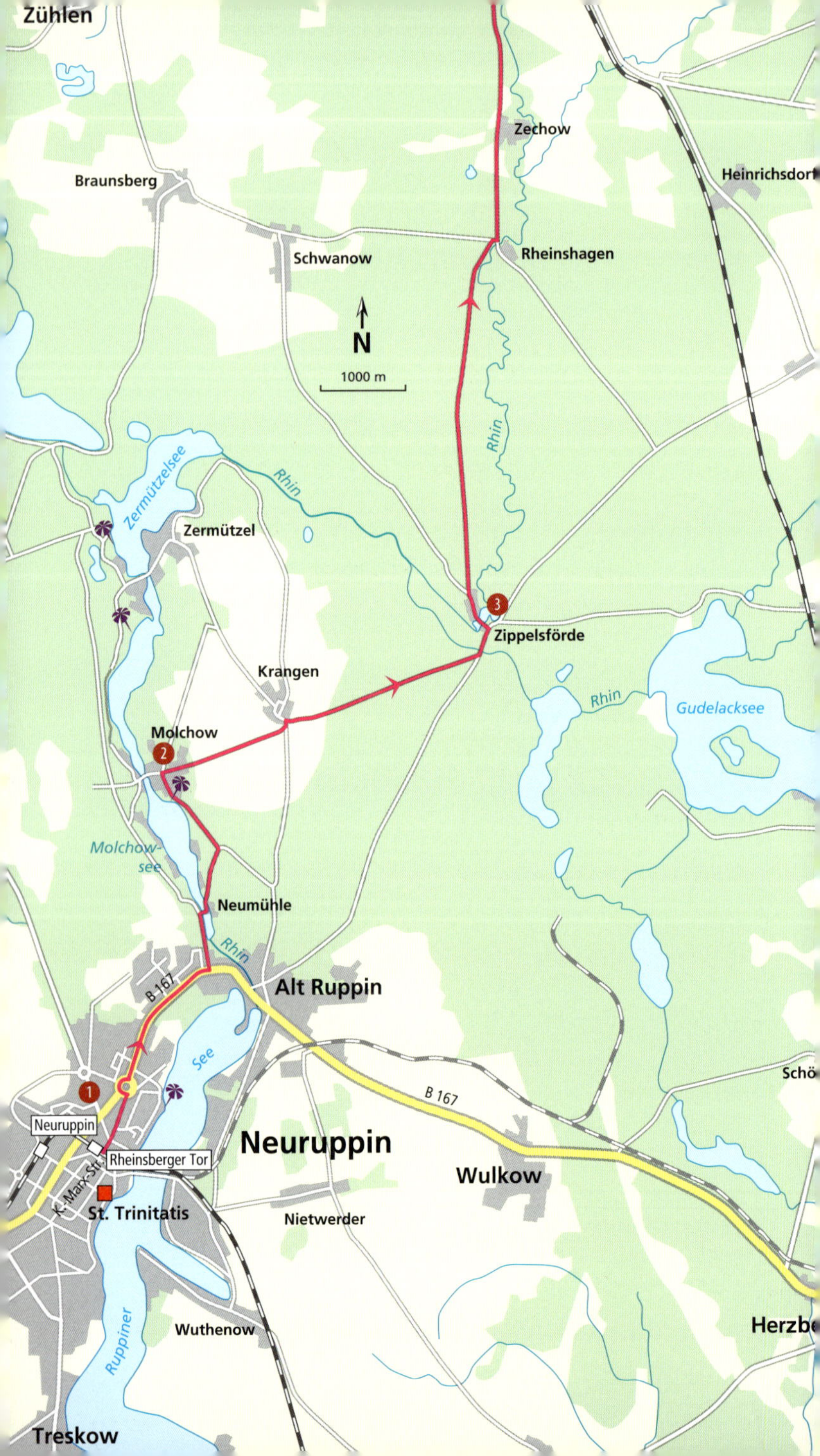

Zühlen
Zechow
Heinrichsdorf
Braunsberg
Schwanow
Rheinshagen
N
1000 m
Rhin
Zermützelsee
Rhin
Zermützel
3
Zippelsförde
Krangen
Rhin
Gudelacksee
Molchow
2
Molchow-
see
Neumühle
Rhin
B 167
Alt Ruppin
See
1
B 167
Neuruppin
Neuruppin
Rheinsberger Tor
K.-Marx-Str.
St. Trinitatis
Wulkow
Nietwerder
Wuthenow
Ruppiner
Treskow

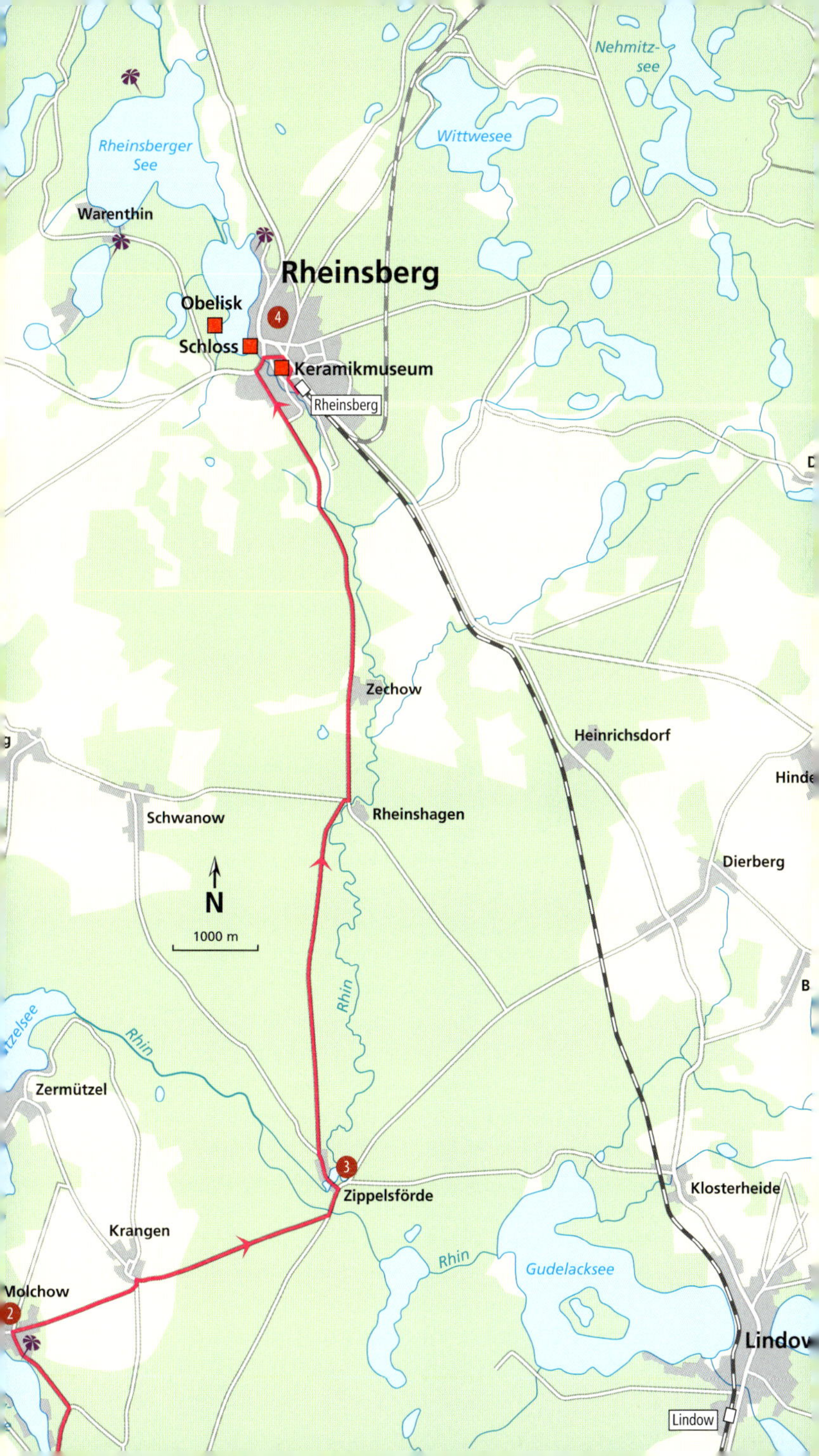

Nehmitz-see
Wittwesee
Rheinsberger See
Warenthin
Rheinsberg
Obelisk
4
Schloss
Keramikmuseum
Rheinsberg
Zechow
Heinrichsdorf
Schwanow
Rheinshagen
Dierberg
N
1000 m
Rhin
Rhin
Zermützel
3
Zippelsförde
Klosterheide
Krangen
Rhin
Gudelacksee
Molchow
2
Lindow

Tour auf einen Blick

km 0 Vom ***Bahnhof Rheinsberger Tor*** links über die Straße des Friedens, später Alt Ruppiner Allee, und auf dem straßenbegleitenden Radweg Richtung Alt Ruppin. Vor dem Ortseingang links über den Neumühler Weg und rechts über die Brücke nach Molchow.

km 7,5 Von ***Molchow*** über Krangen und auf dem Radweg nach Zippelsförde. Dort links auf der Fahrradstraße über Rheinshagen und Zechow nach Rheinsberg und jeweils rechts über die Park-, die Rhinstraße und den Damaschkeweg zum Bahnhof.

km 25 ***Bahnhof Rheinsberg***

⇨ Abstecher ins Stadtzentrum von Neuruppin

Vom Bahnhof Rheinsberger Tor führt rechts die Karl-Marx-Straße geradewegs ins Zentrum.

Neuruppin (1) besticht nicht nur durch seine Lage am Nordufer des Ruppiner Sees. Seine Straßen, Plätze und Gebäude führen auch auf die Spuren einer Reihe bedeutender Persönlichkeiten. Allen voran Theodor Fontane, der 1819 in der Löwenapotheke in der **Karl-Marx-Straße 84** das Licht der Welt erblickte. Nicht weit davon entfernt, in der **Fischbänkenstraße 8,** wurde 1781 Karl Friedrich Schinkel geboren – schräg gegenüber, am **Kirchplatz,** hat ihm der Bildhauer Max Wiese 1883 ein Denkmal gesetzt. Im Übrigen verlebte hier auch Friedrich der Große als junger Regimentskommandeur eine unbeschwerte Zeit.

Auffällig an Neuruppin ist der streng geometrische Grundriss mit großen quadratischen Plätzen, die Fontane als „raumverschwendende Anlage" kritisierte. Nachdem das mittelalterliche Zentrum 1787 fast vollständig durch einen Großbrand vernichtet worden war, entwarf der Berliner Baumeister Bernhard Matthias Brasch eine preußische Musterstadt, in deren Zentrum nicht eine Kirche, sondern das Alte Gymnasium als Hort der Bildung steht.

Den Stadtbrand überstanden hat indessen die Klosterkirche **St. Trinitatis,** die sich mit ihren beiden Türmen weithin sichtbar am Seeufer erhebt und einst zu einem 1246 gegründeten Dominikanerkloster gehörte. Ein Stück weiter haben zwei Hospitalkapel-

len, **St. Georg und St. Lazarus,** in der Siechenstraße die Zeit überdauert – im mittelalterlichen Siechenhospital ist inzwischen das romantische Hotel Up-Hus-Idyll untergekommen.
Zum Rundgang durch die 750-jährige Stadtgeschichte lädt das neu gestaltete **Museum Neuruppin** ein, das in einem klassizistischen Wohnhaus von 1790 und einem hochgelobten Neubau untergebracht ist. Gezeigt werden alte Möbel, Gemälde, Dokumente und die berühmten Neuruppiner Bilderbögen, die Vorläufer der heutigen Illustrierten sind (Museum Neuruppin · August-Bebel-Straße 14–15 · (0 33 91) 3 55 51 00 · www.museum-neuruppin.de · Apr.–Sep. Mo, Mi–So, Fei 10–17 Uhr, Okt.–März Mo, Mi–Fr 11–17, Sa, So, Fei 10–16 Uhr · „flexibler Eintritt" 0–10 Euro).

Vom Bahnhof Rheinsberger Tor nach Molchow

*Am **Bahnhof Rheinsberger Tor** fährt man links auf der Straße des Friedens, später Alt Ruppiner Allee, geradeaus aus der Stadt hinaus. Zwischendurch wechselt man auf die linke Straßenseite und radelt auf dem straßenbegleitenden Fahrradweg in Richtung* **Alt Ruppin.** *Kurz vor dem Ortseingang in den freundlichen Ferienort mit sehenswerter Backsteinkirche aus dem 13. Jahrhundert biegt man bald links in den Neumühler Weg ein, wo es nach ca. 200 Metern rechts über eine Brücke geht. Auf der anderen Seite folgt man der asphaltierten Straße nach* **Molchow,** *wobei man sich in einer Rechtskurve links hält und auf der Alt Ruppiner Straße an einer Badestelle vorbei in den Ort radelt. Links liegt das kleine Zentrum.*

0 km

7,5 km

Das verträumte Runddorf **Molchow** (2) an der Ruppiner Seenkette ist ein beliebtes Ziel der Wasserwanderer. Mit einigen Gehöften und dem Gutspark macht es einen aufgeräumten Eindruck. Mitten auf dem Dorfanger steht ein denkmalgeschützter hölzerner **Glockenturm** aus dem Jahr 1692 – errichtet wurde er kurioserweise für eine noch ältere Glocke aus Eggersdorf. „Aus der Mitte des Platzes wächst ein Turm auf, unheimlich und grotesk, als habe ihn ein Schilderhaus mit einer alten Windmühle gezeugt. Von beiden et-

Unterwegs nach Rheinsberg

was", kommentierte ihn Fontane in seinen *Wanderungen durch die Mark Brandenburg.*

Von Molchow nach Rheinsberg

Zurück an der Kreuzung Alt Ruppiner Straße geht es jetzt geradeaus auf der Krangener Straße weiter leicht ansteigend aus dem Ort hinaus. Bald schweift der Blick über Felder mit kleinen Wäldchen und Dörfern. Bei **Krangen** *quert man die Landstraße, fährt erst links und dann gleich wieder rechts auf den Radweg, der jetzt erneut durch dichten Mischwald führt und bei* **Zippelsförde** 3 *in eine befahrene Landstraße mündet. Hier fährt man ein kurzes Stück auf dem straßenbegleitenden Fahrradweg, bis nach ca. 300 Metern links – oft steht hier ein Räucherfischverkaufsstand – die Fahrradstraße nach Rheinsberg abzweigt. Wunderschön ist die nun folgende Strecke durch Kiefernwälder Richtung* **Rheinshagen.** *Kurz vor dem Ort (rund 4 Kilometer ab Zippelsförde) zweigt die Straße rechts ab, am Rastplatz, wo unweit des Fahrradwegs der Rhin plätschert, geht es dann wieder links nach* **Zechow.** *Auf einer Fahrradstraße und einem ruhigen zweispurigen Fahrweg gelangt man schließlich durch Felder und Wiesen nach Rheinsberg. Auf der Lindenallee geht es ins Zentrum. An ihrem Ende führt rechts die Parkstraße, die bald zur Mühlenstraße wird, zum Schloss.*

Seeblick auf das Rheinsberger Schloss

Friedrich der Große, sein Bruder Prinz Heinrich, Fontane, Kurt Tucholsky – sie alle schwärmten von **Rheinsberg** 4, das heute staatlich anerkannter Erholungsort ist. Zu Recht. Hübsch anzusehen ist das Städtchen, das sich mit seinem **Schloss** in die liebliche Waldlandschaft der Rheinsberger Seen einfügt. Nachdem der Soldatenkönig Friedrich Wilhelm I. das Wasserschloss für seinen Sohn kaufte

und zur Barockresidenz ausbauen ließ, verbrachte Friedrich II. als Kronprinz hier die glücklichsten Jahre seines Lebens. Sein Bruder Prinz Heinrich machte aus ihm später einen wahren Musenhof. Er versammelte hier zahlreiche Künstler und ließ das Schloss von Wenzeslaus von Knobelsdorff umgestalten. Um 1737 vollendet, war es noch vor Sanssouci der Auftakt zum friderizianischen Rokoko. Besonders prachtvoll ist der Spiegelsaal mit einem Deckengemälde Antoine de Pesnes, das Ovids Metamorphosen darstellt. Außerdem beeindrucken der Muschelsaal und ein Kabinett mit chinesischen Lackmalereien (Schloss Rheinsberg · Anmeldung zu Führungen unter (03 39 31) 72 10 · www.spsg.de · Apr.–Okt. Di–So 10–17.30 Uhr, im Winter nur mit Führung Di–So 10–16 Uhr, letzter Einlass 30 Min. vor Schließung · 10 € / 7 € / Familie 20 € mit Führung). 1774 gesellte sich schließlich noch ein **Schlosstheater** dazu, wo noch heute Opern- und Schauspielaufführungen stattfinden (Karten über (03 39 31) 3 49 40 · www.schlosstheater-rheinsberg.de). Ein Schauplatz anderer Art ist der hübsch gestaltete **Schlosspark.** Er bezieht auch die gegenüberliegende Seeseite mit ein und überrascht dort mit einer Grabpyramide samt **Obelisk.** Vom Schloss sind es bis dorthin etwa 15 Minuten Fußweg.
Daran, dass Kurt Tucholsky in Rheinsberg eine unbeschwerte Zeit mit seiner späteren Frau Else Weil verlebte und hier sein *Bilderbuch für Verliebte* verfasste, erinnert das **Kurt Tucholsky Literaturmuseum** in einem Teil des Schlosses ((03 39 31) 3 90 07 · www.tucholsky-museum.de · Apr.–Okt. Di–So 10–12.30 und 13–17.30 Uhr, Nov.–März Di–So 10–12.30, 13–16.00 Uhr · 5 € / 4 € / Familie 10 €).

Vom Stadtzentrum zum Bahnhof Rheinsberg

Vom Schloss geht es zurück über die Mühlenstraße, dann rechts in die Rhinstraße und wieder rechts in den Damaschkeweg. Dort kann man sich im **Keramikmuseum** *davon überzeugen, dass die Rheinsberger Keramikmanufakturen zu den bedeutendsten Preußens gehörten – zweimal jährlich findet auf den Straßen und Plätzen des Städtchens auch ein Töpfermarkt statt (Keramikmuseum · Kirchplatz 1 · (03 39 31) 3 76 31 · www.museum-rheinsberg.de · Feb.–Juni Mi–Fr 12–17, Sa 10–17, Juli–Aug. Mo, Mi–Sa 10–18, So 12–16, Sep.–Dez. Mi–Fr 10–17, Sa 12–16 Uhr, ganzjährig Do nur bis 15.30 Uhr geöffnet · 5 € / 2 €). Nach dem Museumsbesuch führt der Damaschkeweg in einer Rechtskurve zum* ***Bahnhof.*** ***25 km***

Rheinsberg – Fürstenberg

14 Auf Fontanes Spuren zum Großen Stechlinsee

Start	Ziel	Länge	Fahrzeit
Bhf. Rheinsberg	Bhf. Fürstenberg	29,5 km	3 Std.

Zwischen Rheinsberg und Fürstenberg breitet sich der Naturpark Stechlin-Ruppiner Land mit seinen endlosen Buchenwäldern und mehr als hundert Seen aus. Landschaftlicher Höhepunkt ist der Große Stechlinsee, das klarste und tiefste Gewässer Brandenburgs. Durch Fontanes Roman „Der Stechlin" wurde er weit über die Region hinaus berühmt. Auf seinen Wanderungen durch die Mark Brandenburg stieg der Dichter übrigens im Fontanehaus im Glasmacherdorf Neuglobsow ab. Wer auf der bequemen asphaltierten Fahrradstraße hierher geradelt ist, kann sich im See erfrischen, mit frischem Fisch stärken oder rudern, bevor die Tour schließlich in der Inselstadt Fürstenberg endet.

Durch Fontane zu Ruhm gekommen: der Große Stechlinsee

Infos zur Tour

Anfahrt
Bahnhof Rheinsberg
(Mehrmals tgl. ab Löwenberg, nach dort mit RE5 ab Berlin Hbf. Einige Züge auch direkt ab Berlin Geusndbrunnen, ca. 1 Std. 45 Min.)

Rückfahrt
Bahnhof Fürstenberg
(RE 5 stündlich, ca. 60 Min. bis Berlin Hbf.)

Streckenverlauf
Rheinsberg – Menz – Neuglobsow – Dagow – Steinförde – Fürstenberg

Streckencharakteristik
Landschaftlich reizvolle Tour, meist auf bequemen, asphaltierten Radwegen, z. T. auch auf wenig befahrenen Nebenstraßen oder Waldwegen. Von Rheinsberg nach Menz auf straßenbegleitendem Radweg.

Schwierigkeit
Einfach, mäßige Steigungen

Für Kinder
Ja (bei entsprechender Kondition)

Beschilderung
Tour Brandenburg und Seen- und Kultur-Radweg bis Neuglobsow, Eiszeit-Radweg von Steinförde nach Fürstenberg

Einkehren
Fischerei Stechlinsee
Fischerweg 3 · 16775 Stechlin · (03 30 82) 7 04 22 · www.fischerei-stechlinsee.de · Mi–So 10–18 Uhr
Frischer geht es nicht als im Imbiss der Fischerei am Ufer des Stechlinsees. Je nach Fang kommen kleine Maränen, Aal, Hecht, Flussbarsch, Schlei, Plötze, Aalquappe oder Blei gebacken, gebraten oder geräuchert auf den Teller oder ins Fischbrötchen.

Alte Reederei · Fürstenberg
Brandenburger Str. 38 · 16798 Fürstenberg · (03 30 93) 61 33 73 · www.altereederei.de · Mo/Di/Do/So 8–17, Mi 8–11, Fr–Sa 8–20 Uhr · Im Winter verkürzte Öffnungszeiten
Liebenswerter Bett & Bike-Betrieb mit Garten am Wasser. Im Sommer kann man sich im Bistro-Café mit Quiches, Suppe und anderem stärken.

Coffee & Travel
Ravensbrücker Dorfstraße 38 A · 16798 Fürstenberg · www.coffee-and-travel.com · in der Regel Di–Fr 11–16.30 Uhr
Eine eigenwillige Kombination aus Café, Bioladen und Reisebüro, die köstliche Kuchen und herzhafte Snacks bereithält.

Ahoi Shop & Café · Fürstenberg
Bahnhofstr. 31 · 16798 Fürstenberg · (03 30 93) 59 94 77 · Do/Fre/Mo/Mi 7–18, Sa/ So 9–18 Uhr, Mi geschlossen
Nach vollbrachter Tour kann man sich gleich am Bahnhof mit gutem Kaffee, Eis und allerlei Leckereien belohnen – oder noch mal aufs SUP steigen.

Baden
Badestellen am Roofensee, am Großen Stechlinsee und am Peetschsee

Tour kombinierbar mit
Touren 13 und 15

Tour auf einen Blick

km 0	Vom ***Bahnhof Rheinsberg*** links über den Damaschkeweg, wieder links über die Rhin- und rechts über die Schlossstraße, später Menzer Straße, auf dem straßenbegleitenden Radweg am Roofensee vorbei nach Menz.
km 12	In ***Menz*** am Friedensplatz links über die Lindenstraße, gleich rechts und wieder links auf dem Radweg durch den Wald. An der Weggabelung Neuglobsow/Fürstenberg links über die Straße Forststeig nach Neuglobsow.
km 19	Von ***Neuglobsow*** in nördlicher Richtung über Dagow, durch den Wald und am Peetschsee vorbei nach Steinförde. Dort rechts und wieder links auf dem Fahrweg nach Fürstenberg und nach der Bahnunterführung rechts zum Bahnhof.
km 29,5	***Bahnhof Fürstenberg***

Vom Bahnhof Rheinsberg nach Menz

0 km *Vom* ***Bahnhof*** *führt der Weg zunächst rechts über den Damschkeweg, links über die Rhinstraße und rechts über die Mühlenstraße zum Schloss Rheinsberg, dass wir uns schon auf Tour 13 (► Seite 106) angesehen haben. Gegenüber dem Schloss geht es von der Mühlenstraße rechts in die Schlossstraße, die später Menzer Straße heißt und aus der Stadt hinausführt. Der Ausschilderung nach Menz folgend geht es mal auf der rechten, mal auf der linken Straßenseite auf dem Radweg durch einen herrlichen Kiefernwald und am* **Roofensee** *mit Badestelle und der Roofenseeklause (in der*
12 km *Saison Di–So ab 12 Uhr) vorbei in den freundlichen Ort* ***Menz.***

Menz ❶, das nah am idyllischen Roofensee liegt, ist als Zentrum des Naturparks Stechlin-Ruppiner Land beliebtes Ausflugsziel für Familien und Schulklassen. Neben der alten **Feldsteinkirche** aus dem Jahre 1558, die in der Saison täglich geöffnet ist, lockt am Friedensplatz das **NaturParkHaus Stechlin** mit einer Erlebnisausstellung und einem Sinnesgarten (Kirchstraße 4 · (03 30 82) 5 12 10 · www.naturparkhaus.de · Mai–Aug. und Ferien tgl. 11–16 Uhr, Sep.–Apr. Mi–So 11–16 Uhr · 5 € / 2 € / Familie 10 €). Außerdem gibt es hier einen schönen Kinderspielplatz. In der Berliner Straße 9 steht der sehenswerte **Künstlerhof Roofensee** (► Seite

Canower See
Kleinzerlang
Kleiner Pälitzsee
Großzerlang
Großer Pälitzsee
Groß-menow
Stein-förde
Fürstenberg
Röblinsee
Gedenkstätte Ravensbrück
Fürsten-berg
Prebelow
Peetsch-see
B 96
Zechlinerhütte
Großer
Neuglobsow
Dagow
Drögen
Fischerei
Glasmacher-haus
Information
Stechlinsee
2
Altglobsow
Nehmitz-see
Wittwesee
Rheinsberger See
Roofen-see
Buchholz
Warenthin
Menz
N
NaturParkHaus
Rheinsberg
Feldsteinkirche
Künstlerhof
1000 m
Obelisk
1
Schloss
Zernikow
Keramikmuseum
Rheinsberg

Durch schattige Kiefernwälder geht es zum Roofensee

109) – ein Verein hat in dem 100-jährigen Vierseithof aus Feldstein eine Galerie, geschmackvolle Apartments, ein großes Café mit Terrasse und eine Kunstscheune eingerichtet. Dort finden auch Kunst-Workshops statt.

Von Menz zum Großen Stechlinsee und nach Neuglobsow

Vom NaturParkHaus am Friedensplatz biegt man links in die Lindenstraße, fährt an der Ostseite des Platzes entlang und biegt danach gleich wieder rechts auf eine bequeme, ca. 5 Kilometer lange Fahrradstraße. Auf ihr geht es durch den Wald bis zur Weggabe-
19 km *lung Neuglobsow/Fürstenberg. Um nach* ***Neuglobsow*** *und zum etwa 2 Kilometer entfernten Großen Stechlinsee zu gelangen, dem landschaftlichen Höhepunkt der Strecke, quert man die Straße und fährt links auf der wenig befahrenen Straße Forststeig durch den Wald in den kleinen Ort und weiter zum Seeufer.*

Um die hundert Seen liegen im Naturpark Stechlin-Ruppiner Land, doch der schönste, größte, tiefste und klarste ist der von Buchenwäldern umgebene **Große Stechlinsee,** dem Theodor Fontane nicht zufällig mit seinem Roman *Der Stechlin* ein literarisches Denkmal setzte. Er eignet sich ideal zum Baden, Rudern, Angeln und Tauchen. Neben Campingplätzen gibt es hier auch Bootsverleihstellen und eine Fischerei, die frischen und geräucherten Fisch verkauft. Spezialität ist die nur hier vorkommende Stechlin-Maräne. Aber in dem Wasser mit einer Sichttiefe von elf Metern fühlen sich auch Hechte, Barsche, Schleien, Karpfen und andere Spezies wohl.

Nicht weit vom See entfernt erstreckt sich der staatlich anerkannte und sehr beliebte Erholungsort **Neuglobsow** 2**.** In der Stechlinseestraße lädt dort das 225 Jahre alte **Glasmacherhaus** zur Zeitreise durch die Geschichte des Glasblasens ein.

Der Glasbläserei verdankt der Ort überhaupt seine Gründung im Jahr 1780. Seitdem wurde hier das grüne Waldglas hergestellt. Heute veranschaulichen viele Exponate, Infotafeln und Hörstationen mit zwölf Geschichten rund um die früheren Glasbläserfamilien die hohe Kunst des Glasblasens. Das behindertengerechte Gebäude beherbergt auch die Touristeninformation (Stechlinseestraße 21 · (03 30 82) 7 02 02 · www.stechlin.de/erlebnisse/details/glasmacherhaus-neuglobsow-5/ · Mai/Juni, Sep./Okt. Mo–Fr 10–15, Sa/So 10–16 Uhr, Juli/Aug. tgl. 10–16 Uhr, Nov–März Mi, Do, So 10–14 Uhr, Apr. Mi–So, Fei 10–15 Uhr · 2,50 € / Kinder bis 12 Jahre 1,50 € / Familie 6 €).

Von Neuglobsow zum Bahnhof Fürstenberg

Man durchquert Neuglobsow auf der Stechlinseestraße und biegt links in den Ortsteil **Dagow** *ab. Am Ortsende wird die Straße zum Waldweg. An der Gabelung hält man sich halb rechts – linker Hand liegt bald der* **Peetschsee** *– und folgt dem Waldweg bis* **Steinförde.** *In Steinförde fährt man kurz rechts und gleich wieder links. Ab hier führt ein asphaltierter Fahrweg direkt nach* **Fürstenberg.** *Dort biegt man nach der Bahnunterführung rechts ab und gelangt auf der Geldener, später Luisenstraße zum* **Bahnhof.** *Wer noch einen* ***29,5 km*** *Blick ins Stadtzentrum von Fürstenberg (**▶ Seite 116**) werfen will, fährt am Bahnhof vorbei, biegt links in die Bahnhofstraße und wieder links in die Brandenburger Straße.*

Fürstenberg – Templin

15 Durch den Südzipfel der Mecklenburgischen Seenplatte

Start	Ziel	Länge	Fahrzeit
Bhf. Fürstenberg	Bhf. Templin Stadt	39 km	4,5 Std.

Seen und Wälder satt verheißt die gut zu befahrende Strecke von Fürstenberg nach Templin. Die südlichen Ausläufer der Mecklenburgischen Seenplatte sind mit ihren klaren Seen ein Paradies für Wasserwanderer, aber auch vom Fahrrad aus schön anzusehen. Dazwischen geht es durch herrliche Buchen- und Kiefernwälder, vorbei an hübschen Feldsteinkirchen und geschichtsträchtigen Orten. Dem beschaulichen Himmelpfort mit seiner Klosterruine folgt die Flößerstadt Lychen und schließlich die schöne alte Stadt Templin.

Der Moderfitzsee lädt zu einer erfrischenden Rast ein

Infos zur Tour

Anfahrt
Bahnhof Fürstenberg (RE 5 stündlich, ca. 60 Min. ab Berlin Hbf.)

Rückfahrt
Bahnhof Templin Stadt (RB 12 stündlich nach Berlin-Lichtenberg, ca. 1 Std. 35 Min)

Streckenverlauf
Fürstenberg – Himmelpfort – Lychen – Alt Placht – Gandenitz – Templin

Streckencharakteristik
Landschaftlich sehr reizvolle Tour, teils auf bequemen, asphaltierten Radwegen, teils auf wenig befahrenen Nebenstraßen. Bei Lychen leichte bis mittlere Steigung.

Schwierigkeit
Einfach bis mittel, mäßige Steigungen

Für Kinder
Ja (bei entsprechendem Durchhaltevermögen)

Beschilderung
Tour Brandenburg (ganze Strecke)

Einkehren
Zum Stolpseefischer · Himmelpfort
Stolpseestraße 18 · 16798 Himmelpfort · (03 30 89) 4 30 38 · Sommer tgl. 11–20.30, sonst Fr–So ab 11 Uhr
Hier gibt es frischen Fisch in traumhafter Lage am Stolpsee.

Weihnachtshaus · Himmelpfort mit Café
Klosterstr. 23 · 16798 Himmelpfort · (03 30 89) 4 18 88 · www.weihnachtshaus-himmelpfort.de · Mai Mo–Fr 10–12, 13–17, Sa, Fei 10–14, Juni–Sep. Mo–Fr 10–12, 13–18, Sa, So, Fei 10–14, Okt. Mo–Fr 10–12, 13–16, Sa 10–13, Nov.–Apr. Mo–Fr 10–12, 13–16, Fei 10–13 Uhr

Mühlenwirtschaft · Lychen
Stabenstr. 2 · 17279 Lychen · (03 98 88) 52 48 76 · www.muehlenmahlzeit.de · In der Regel Di–So 13–20
Die historische Mühle hat (Ex-Fernsehmoderatorin) Carla Kniestedt mit der Mühlenwirtschaft und Kaffeemühle wiederbelebt, die ihre Köstlichkeiten auch im Garten serviert

Weinberg 19 · Templin
Weinbergstr. 19 · 17268 Templin · (0 39 87) 43 98 37 · www.weinberg19.de · tgl. 8–18 Uhr
Bistro mit feinen, regionalen Speisen, top Preis-Leistungs-Verhältnis.

Baden
Zahlreiche Badestellen, z. B. am Stolp-, Haus- und Moderfitzsee in Himmelpfort, am Zens- und Wurlsee in Lychen, am Lübbesee in Templin sowie in der
NaturThermeTemplin
Dargersdorfer Str. 121 · (0 39 87) 20 12 00 · www.NaturThermeTemplin.de

Bootsverleih
Campingpark
Am Stolpsee 1 · 16798 Himmelpfort · (03 30 89) 4 12 38 · www.zeltplatz-himmelpfort.de · Apr.–Okt.

Tour kombinierbar mit
Tour 14

Tour auf einen Blick

km 0	Vom ***Bahnhof Fürstenberg*** links über die Luisenstraße und die B 96 hinweg und über die Ravensbrücker Dorfstraße rechts in den Himmelpforter Weg zur Mahn- und Gedenkstätte Ravensbrück.
km 2	Von der ***Mahn- und Gedenkstätte Ravensbrück*** auf dem Himmelpforter Weg und der Fürstenberger Straße nach Himmelpfort.
km 7	Von ***Himmelpfort*** in nördlicher Richtung über die Straße Zur Hasenheide, rechts die Alte Lychener Landstraße am Moderfitzsee entlang und links auf dem Radweg zum Großen Lychensee. Links am Seeufer entlang und über die Berliner, später Fürstenberger Straße nach Lychen.
km 18	Von ***Lychen*** in südlicher Richtung auf der Templiner Straße über den Stadtsee hinüber und links auf dem Radweg über Alt Placht nach Gandenitz. Am Ortsausgang links und dann rechts auf dem Radweg nach Templin. Dort zum Kanal, über die Brücke und am Kanal entlang rechts über die Martin-Luther-Straße ins Stadtzentrum.
km 38	Vom Stadtzentrum von ***Templin*** in östlicher Richtung über die Obere Mühlenstraße, links über die Friedrich-Engels-Straße und rechts über die Robert-Koch-Straße zum Bahnhof.
km 39	***Bahnhof Templin Stadt***

⇨ Abstecher ins Stadtzentrum von Fürstenberg

Vom Bahnhof geht es geradeaus über die Bahnhofstraße und links über die Poststraße in einem Rechtsbogen ins Zentrum von Fürstenberg.

Die von Röblin-, Baalen- und Schwedtsee umgebene Inselstadt **Fürstenberg** ❶ ist idealer Ausgangspunkt für Kanu-, Paddel- oder Radtouren in den Naturpark Uckermärkische Seen. Auf dem Marktplatz kann man, neben dem Rathaus, einen Blick auf die neobyzantinische **Stadtkirche** werfen, die den größten hängenden Batikteppich Europas in sich birgt. Eine schöne Einstimmung auf die Wasserlandschaft der Uckermärkischen Seen bietet der hübsche Park mit **Jachthafen** und herrlichem Blick auf den Schwedtsee.

Um dorthin zu gelangen, fährt man am Marktplatz links in die Brandenburger Straße (B 96), die bald zur Straße Unter den Linden wird.

Dabelow
Großer Kastaven-see
Thymensee
B 96
Fürstenberg/ Havel
Röblinsee
Himmelpforter Weg
Schwedtsee
Stadt-kirche
Gedenkstätte Ravensbrück
Fürsten-berg
1
Stolpesee
Sidow-see
Moderfitz-see
Haussee
Klosterruine
Himmel-pfort
2
Zootzen
Bredereiche
Blumenow
Havel
N
1000 m
Lychen
Wurl-see
Gr. Lychen-see
Flößerei-museum
Ober-pfuhl
3
St. Johannes
Besucher-zentrum Lychen
Zenssee
Tangersdorf
Annenwalde
Naturpark
Uckermärkische
Seen
Großer Küstrin-see
Warthe
Leiterberge
Platkowsee
Gandenitz
Peter-u.-Paul-Kirche
Alt Placht
Kirchlein im Grünen
Densow
Neu Placht
Beutel
Röddelin
Röddelinsee
Netzow-see
Templin
Templiner See
4
Neuer Weg
St. Magdalenen
Berliner Tor
Röddeliner Str.
Templin Stadt
B 109

Vom Bahnhof Fürstenberg nach Ravensbrück

0 km *Vor dem* ***Bahnhof*** *fährt man links durch die Luisenstraße, die bald in die Gelderner Straße übergeht, quert die B 96 und folgt der Ravensbrücker Dorfstraße durch eine weite Rechtskurve, bis rechts der Himmelpforter Weg abzweigt. Hier folgt man immer dem Fahrradsymbol. Während einen ringsum freundliche Heidelandschaft umfängt, erinnert auf der rechten Seite in der Straße der Nationen die*
2 km ***Mahn- und Gedenkstätte Ravensbrück*** *an eines der düstersten Kapitel der deutschen Geschichte.*

In dem **früheren Frauen-Konzentrationslager Ravensbrück** wurden zwischen 1939 und 1945 rund 132 000 Frauen und Kinder, 20 000 Männer sowie 1 000 Jugendliche aus 40 Nationen inhaftiert, viele von ihnen auch umgebracht. Die meisten waren Juden, Sinti und Roma, die Zwangsarbeit für die Kriegswirtschaft leisten mussten. Bereits 1959 wurde hier die Nationale Mahn- und Gedenkstätte errichtet, die aber erst seit 1995 ganz für die Öffentlichkeit zugänglich ist. Die Dauerausstellungen „Topographie und Geschichte des Frauen-KZs" und „Ravensbrückerinnen" geben Einsicht in das Leben im Frauenlager und einzelne Schicksale (Straße der Nationen · (03 30 93) 60 80 · www.ravensbrueck-sbg.de · Gedenkstättengelände: Mai–Sep. tgl. 9–20 Uhr, Okt.–Apr. tgl. 9–17 Uhr · Ausstellung: ganzährig, tgl. 10–17 Uhr · Eintritt frei).

Von Ravensbrück nach Himmelpfort

Von der Gedenkstätte führt der Radweg weiter auf dem Himmel-
7 km *pforter Weg und der Fürstenberger Straße nach* ***Himmelpfort,*** *das inmitten einer lieblichen Seenlandschaft liegt. Als Erstes taucht links der* **Sidowsee** *zwischen den Bäumen auf, rechts breitet sich der weitaus größere* **Stolpsee** *aus, dazwischen gruppiert sich das Dorf um die mittelalterliche Klosterruine. Am Ende der Fürstenberger Straße biegt man rechts in die Klosterstraße.*

Himmelpfort 2 ist einer der idyllischsten Orte Brandenburgs. Ringsum ist er von reichlich Wasser – dem Stolp-, Sidow-, Moderfitz-, Haus- und dem winzigen Piansee – umgeben, im Zentrum steht die romantische **Ruine eines Zisterzienserklosters.** 1299 gegründet, sind von ihm nur die Kirche, das Brauhaus und Mauerreste übrig geblieben. Doch sind sie am grünen Seeufer so schön anzusehen, dass man gut nachvollziehen kann, warum Bruder Otto die Schönheit der Landschaft mit „Coeli porta“ – der Pforte des Himmels – verglich und so dem Ort seinen Namen gab. Mit oder ohne Führung kann man auch den **Klosterkräutergarten** kennenlernen (Klosterstraße 23 · (03 30 85) 7 02 02 · www.kloster-kraeutergarten.de · Mai–Sep. Mo, Mi–Fr 11–17, Sa/So/Fei 12–17 Uhr, Okt.–Apr. nur mit Anmeldung · Führungen Mai–Sep. Di 14 Uhr nach Voranmeldung · Eintritt frei). Besonders beliebt bei Kindern ist Himmelpfort durch sein **Weihnachtspostamt,** das in der Adventszeit unzählige Briefe an den Weihnachtsmann beantwortet. Im Weihnachtshaus Himmelpfort wartet ganzjährig die Weihnachtsmannstube auf kleine Besucher – mit etwas Glück können sie ihn auch persönlich antreffen.

Überreste des Klosters Himmelpfort

Von Himmelpfort nach Lychen

Zurück an der Weggabelung Fürstenberger Straße/Klosterstraße biegt man nun links in die Straße Zur Hasenheide und fährt geradeaus, bis rechts die Abzweigung zur Alten Lychener Landstraße (ehemaliger Draisinenhaltepunkt) folgt. Jetzt geht es am **Moderfitzsee,** *der immer wieder zwischen den Bäumen hervorlugt, durch den Wald. Die erste Abzweigung lässt man links liegen und folgt dem Seeufer, bis 200 Meter hinter dem Rastplatz links der ausgeschilderte Radweg nach Lychen abzweigt. Der bequeme, leicht hügelige Weg führt parallel zur ehemaligen Draisinenstrecke durch schönen Kiefernwald zum* **Großen Lychensee,** *wo der Ferienpark Seenland das Ufer säumt. Hier geht es links am beschaulichen Seeufer entlang, wo Ruderboote auf dem Wasser liegen. Zwischendurch kreuzt man die ehemalige Draisinenstrecke, hält sich am Schild „Rundweg Spurensuche“ rechts und fährt durch eine Unter-*

Eine Idylle für sich: der Große Lychensee

führung, die auf der anderen Seite rechts an der Landstraße entlang durch schönen Buchenwald nach **Lychen** *führt. Nach kleineren Steigungen gelangt man auf der Berliner, später Fürstenberger Straße ins Stadtzentrum.*

18 km

Eingebettet zwischen Wurlsee, Oberpfuhl, Nesselpfuhl, Stadtsee und Großem Lychensee hat der staatlich anerkannte Erholungsort **Lychen** 3 eine privilegierte Lage inmitten des Naturparks Uckermärkische Seen, in dem sich Moore, sanft gewellte Sanderflächen sowie Kiefern- und Buchenwälder abwechseln. Rund ein Zehntel des gesamtdeutschen Bestandes an See-, Schrei- und Fischadlern brütet im Naturpark, außerdem ist das Gebiet Heimat von 1 200 zum Teil gefährdeten Pflanzenarten wie dem Gelben Knabenkraut. Im beschaulichen Städtchen Lychen wurden noch bis 1968 Flöße als Fortbewegungsmittel benutzt, noch weiter zurück reichen die alte Stadtmauer und die drei historischen Stadttore. Am Marktplatz steht das barocke **Rathaus** von 1747, dahinter die Feldsteinkirche **St. Johannes.** Ihrem Turm ist noch anzusehen, dass sie im 13. Jahrhundert als Wehrkirche entstand.

Dass die Menschen hier früher hauptsächlich vom Flößen lebten, veranschaulicht das **Flößereimuseum** mit Ausstellungsstücken aus dem Fundus alter Flößerfamilien (Clara-Zetkin-Straße 1 · (03 98 88) 49 99 73 · www.floesserverein-lychen.de · Juni–Okt. Di–So 10–18 Uhr).
Bis vor ein paar Jahren war auch noch die Draisinenfahrt eine Attraktion und Highlight der Region. Mit der durch Muskelkraft betriebenen Draisine konnte man zwischen Lychen, Templin und Fürstenberg auf den Gleisen einer ehemaligen Bahnstrecke strampeln. Leider wurde die Strecke verkauft und die Gleise wurden mittlerweile sogar abgerissen.

Von Lychen nach Templin

Man verlässt das Stadtzentrum in südlicher Richtung auf der Templiner Straße und überquert den Stadtsee. Am anderen Ufer heißt die teils steil ansteigende Straße erst Angelberg, später Zehdenicker Straße. Rechts ist dort im Haus Nummer 1 das **Besucherzentrum Lychen** *zu Hause, in dem man in einer interaktiven Ausstellung Wissenswertes über Wasser, Wald und Naturpark erfahren und an Hörstationen dem Biber lauschen kann (ganzjährig Mo–Fr 8–15 Uhr). Linker Hand erstreckt sich das ehemalige Kurviertel, das seit Jahren auf seine zukünftige Bestimmung wartet.*
Ein kurzes Stück weiter auf der Zehdenicker Straße, etwa auf der Höhe des Supermarkts Netto, biegt man links in den ausgeschilderten Radweg nach Templin/Alt Placht. Kurz darauf nimmt man rechts die Abzweigung Wuppgarten/Gandenitz. Jetzt folgt eine sehr reizvolle, etwa 7 Kilometer lange Strecke mit leichten Steigungen durch herrlichen Buchen-, später Kiefernwald.

Abstecher zum Kirchlein im Grünen

Bei der Abzweigung Gandenitz/Alt Placht sollte man unbedingt den kleinen Abstecher nach **Alt Placht** mit seiner hübschen Fachwerkkirche machen. Um 1700 von Hugenotten erbaut, macht das **Kirchlein im Grünen** mit seinen hellen Lehmwänden und den blauen Holzbalken einen liebenswerten Eindruck.

An der Abzweigung Gandenitz/Alt Placht fährt man weiter nach Gandenitz. An einem Tiergehege mit Damwild vorbei geht es durch den langgezogenen Ort. Wer will, kann sich auf dem Friedhof mit

der **Feldsteinkirche Peter und Paul** *aus dem 13. Jahrhundert umsehen, bevor er die letzte Etappe nach Templin in Angriff nimmt. Dann fährt man auf der Kreisstraße im Linksbogen in Richtung Templin aus dem Ort hinaus, bis rechts an der Info-Tafel „Templin – Perle der Uckermark" der Fahrradweg abzweigt. Über einen Waldweg, über eine Landstraße hinweg und auf einer Alleenstraße erreicht man nach gut 30 Minuten die ersten Häuser von Templin. Hier biegt man links in den Neuen Weg, dann rechts in die Lychener Straße, wieder links in die Knehdener und rechts in die Weinbergstraße ein. Über eine überdachte Holzbrücke gelangt man am Terrassen-Café Weinberg 19 vorbei zur Seestraße, die am Templiner Kanal entlang zum Stadtsee führt. Auch hier breitet sich jede Menge von üppigem Grün eingerahmtes Wasser im Stadtgebiet aus. An der Martin-Luther-Straße fährt man geradeaus weiter, es geht leicht links durch die Robert-Koch-Straße zum Bahnhof. Zum*
38 km *Stadtzentrum von* ***Templin*** *biegt man stattdessen an der Martin-Luther-Straße links ein.*

Zu Recht gilt **Templin** ❹ als Perle der Uckermark. Von mehreren Seen umgeben, die zum Baden, Kanufahren oder Touren mit dem Ausflugsdampfer einladen, umgibt es außerdem eine völlig intakte Stadtmauer aus dem 13. und 14. Jahrhundert. Bewacht von 47 Türmen mit dicken Mauern und Schießscharten, konnte die 1230 gegründete Stadt niemals eingenommen werden. Allerdings haben ihr der Dreißigjährige Krieg und mehrere Großbrände zugesetzt. Die Fachwerkbebauung im rechtwinkligen Stadtgrundriss hat sie zwar überdauert. Doch das barocke Rathaus von 1750 mit Walmdach und terrakottafarbener Fassade musste wieder aufgebaut werden – hier ist unter anderem der TourismusServiceTemplin untergekommen. Auch die barocke Stadtkirche **St. Magdalenen** hat sich erhalten. 1745–1749 nach dem großen Stadtbrand erbaut, ragt über dem barocken Putzbau ein Turm mit kupferbeschlagener Laterne und Haube hervor. Ohne Beschädigungen durch Stadtbrände ist die **St.-Georgen-Kapelle** in Backsteingotik mit schönem Kreuzrippengewölbe aus dem 14. Jahrhundert davongekommen. Nicht weit von ihr entfernt markiert das **Berliner Tor** den südlichen Teil der Stadtmauer. Das dreigeschossige Bauwerk ist eins der schönsten Beispiele norddeutscher Backsteingotik und zeugt

Das hübsche Kirchlein im Grünen in Alt Placht

vom einstigen Reichtum der Stadt. Im nordwestlich gelegenen **Prenzlauer Tor** ist jetzt das Museum für Stadtgeschichte Templin mit einer Dauerausstellung über Stadt und Region untergekommen (Museum für Stadtgeschichte · (0 39 87) 2 00 05 26 · www.templin.de · ganzjährig Fr, Mo, Di 10–17, Sa/So 10–12.30, 13–17 Uhr · 3 € / 1.50 €). Offene Stadtführungen finden am Di um 14 Uhr und am Sa um 10.30 Uhr statt. Größere Gruppen melden sich bitte vorher bei der Touristeninfo unter (0 39 87) 26 31.

Vom Stadtzentrum zum Bahnhof Templin Stadt

Um zum Bahnhof zu gelangen, fährt man vom Markt in östlicher Richtung auf der Oberen Mühlenstraße, biegt links in die Friedrich-Engels-Straße und gelangt bald rechts über die Robert-Koch-Straße zum ***Bahnhof Templin Stadt.*** ***39 km***

16 Schorfheide-Tour für Naturliebhaber

Start	Ziel	Länge	Fahrzeit
Bhf. Angermünde	Bhf. Joachimsthal	28 km	3 Std.

Zwischen dem adretten Städtchen Angermünde und Joachimsthal mit seinem historischen Kaiserbahnhof liegt die abwechslungsreiche Landschaft des Biosphärenreservats Schorfheide-Chorin. Als größtes zusammenhängendes Waldgebiet Deutschlands ist es mit seinen ausgedehnten Wäldern sowie idyllischen Gewässern seit Jahrhunderten beliebtes Jagdgebiet – Kurfürsten, Könige, Kaiser sowie Nazi- und DDR-Größen hatten hier das Dam- und Rotwild im Visier. Reizvoll ist aber nicht allein die Hügellandschaft mit ihren Badeseen. Unterwegs sollte man auch an hübschen Feldsteinkirchen, Gutshäusern, der Grimnitzer Glasstube und der Burgruine Grimnitz vom Sattel steigen.

Unterwegs von Angermünde zum Wolletzsee

Infos zur Tour

Anfahrt
Bahnhof Angermünde
(RE 3 stündlich, ca. 57 Min. ab Berlin Hbf.)

Rückfahrt
Bahnhof Joachimsthal
(RB 63 und RE 3 stündlich über Eberswalde nach Berlin Hbf., ca. 1 Std. 5 Min.)

Abstecher: Kaiserbahnhof Joachimsthal (selbe Verbindung wie ab Bahnhof Joachimsthal)

Streckenverlauf
Angermünde – Blumberger Mühle – Wolletz – Altkünkendorf – Neugrimnitz – Grimnitz – Joachimsthal

Streckencharakteristik
Landschaftlich sehr reizvolle Tour auf teils asphaltierten oder gepflasterten Radwegen, teils etwas holperigen Wald- oder Feldwegen. Auch ein Stück auf ruhiger Landstraße (von Neugrimnitz nach Althüttendorf).

Schwierigkeit
Einfach bis mittel, leichte Steigungen

Für Kinder
Ja (bei entsprechendem Durchhaltevermögen)

Tour kombinierbar mit
Tour 17

Beschilderung
Radfernweg Berlin-Usedom von der Blumberger Mühle bis zum Wolletzsee (Nordwestufer), Tour Brandenburg von Althüttendorf bis Joachimsthal

Einkehren
Kaffee Konsum · Angermünde
Zur Welse 4 · 16278 Angermünde, OT Wolletz · (03 33 37) 51 90 90 · www.kaffee-konsum.de · Apr.–Okt. Mi–So 11–18, sonst 11–17 Uhr, Jan. geschlossen
Im schön renovierten DDR-Konsum gibt es Kaffee, Kuchen, Tagesküche mit regionalen Zutaten, Veggie-Burger und Spezialitäten wie Wildschweinbratwurst.

Hotel am Seetor · Angermünde
Jägerstraße 25 · 16278 Angermünde · (0 33 31) 2 65 60 · www.hotelamseetor.de · Denkmalgeschütztes Haus aus dem 18. Jahrhundert mit schönem Innenhof (EZ ab 89 € / DZ ab 119 €).

Restaurant Blumberger Mühle
Blumberger Mühle 2 · 16278 Angermünde · (0 33 31) 2 60 42 3
www.blumberger-muehle.nabu.de/wir-ueber-uns/restaurant.html
Das Restaurant befindet sich im Naturerlebniszentrum und hat einen Innenhof mit Sonnenschirmen. Es wird mit regionalen Zutaten gekocht.

Baden
Badestellen am Wolletzsee, am Heiligen See und am sehr flachen Grimnitzsee

Tour auf einen Blick

km 0	Vom ***Bahnhof Angermünde*** westlich der Bahngleise über die Rudolf-Breitscheid-Straße und einen Feldweg zur Blumberger Mühle.
km 5	Von der ***Blumberger Mühle*** den Wegweisern zum Wolletzsee folgen und nach Wolletz.
km 10,5	Von ***Wolletz*** am See entlang, durch den Wald und am Heiligen See vorbei nach Altkünkendorf.
km 15	Von ***Altkünkendorf*** auf der Landstraße über Grumsin nach Neugrimnitz.
km 20,2	Von ***Neugrimnitz*** auf der Landstraße zum Grimnitzsee und kurz vor Althüttendorf auf dem Radweg am Seeufer entlang nach Grimnitz. Links über die Grimnitzer, rechts über die Töpfer- und rechts über die Bahnhofstraße zum Bahnhof Joachimsthal.
km 28	***Bahnhof Joachimsthal***

Abstecher ins Stadtzentrum von Angermünde

Wer sich Angermünde ansehen will, biegt am Bahnhof zunächst links in die Berliner Straße und folgt den Wegweisern zum Stadtzentrum.

Wer hätte gedacht, dass aus dem Aschenputtel einst eine so ansehnliche Prinzessin würde? Heute empfängt einen hier ein charmantes Ensemble renovierter Fachwerkhäuser. In einem ist das **Museum Angermünde** 1 mit einer lebendigen Ausstellung zur Stadtgeschichte untergekommen (Hoher Steinweg 17/18 · (03 33 1) 29 76 60 · Apr.–Okt. Mo–Fr 9–18, Sa/ So 10–17, sonst Mo–Fr 10–16, Sa/So 13–16 Uhr · 4 € /2 € · der erste Di im Monat frei). Allen voran die **St. Marien-Kirche** aus dem 13. Jahrhundert, deren 53 Meter hoher Turm schon von weitem sichtbar ist. Im Innern birgt die dreischiffige Halle eine barocke Wagner-Orgel und eine mittelalterliche Schatztruhe. Auch die gotische **Franziskanerkirche**, der mächtige **Pulverturm** an der Stadtmauer und die kleine **Heilig-Geist-Kapelle** an der Berliner Straße haben die Jahrhunderte überdauert. Herzstück des Städtchens ist der Markt mit dem spätbarocken **Rathaus** und dem Marktbrunnen des ortsansässigen Künstlers Christian Uhlig, der mit seinen skur-

N
1000 m
Kerkow
NABU Blumberger Mühle
Angermünde
St. Marien
Franzis-kaner-kirche
Mündesee
R.-Breitscheid-Str.
B 198
B 2
B 158
Wolletz
Wolletzsee
Heiliger See
Altkünkendorf
Sternfelde
Schmargendorf
Herzsprung
Bölkendorf
Grumsin
Großer Grumsinsee
Neugrimnitz
Natur-beobachtungs-punkt
A 11
Glambeck
Parlow
Großer Präßnicksee
Leistenhaus
Joachims-thal
Grimnitz-see
Burgruine Grimnitz
Schinkel-kirche
Biorama
Joachimsthal
Joachimsthal Kaiserbahnhof
Althüttendorf
Elsenau
Groß-Ziethen
Klein-Ziethen
Rosinsee
Serwester See
Parsteiner See
1
2
3
4

rilen Figuren immer wieder für Gesprächsstoff sorgt. Die Ufer des zentrumsnahen Mündesees säumt ein **Skulpturenpark** – die Kunstwerke aus Findlingen sind Überbleibsel der regelmäßig in Angermünde stattfindenden Bildhauersymposien internationaler Künstler.

Vom Bahnhof Angermünde zur Blumberger Mühle

0 km *Vom* ***Bahnhof*** *fährt man auf der Berliner Straße durch die Unterführung und danach rechts in die Rudolf-Breitscheid-Straße, die gleich wieder links zwischen Siedlungshäusern entlangführt. Am*
5 km *Ende mündet sie in einen Feldweg, der zur ausgeschilderten* ***Blumberger Mühle*** *führt.*

Die **Blumberger Mühle,** ein Naturerlebniszentrum des Naturschutzbundes Deutschland (NABU) mit Café-Restaurant, ist zugleich das Hauptinformationszentrum des Biosphärenreservats Schorfheide-Chorin. Es lockt mit liebevoll angelegten Aussichtsplätzen und Lehrpfaden, von denen aus man die Artenvielfalt der Blumberger Fischteiche beobachten kann. Zum Teil lassen sich auch Seeadler, Biber und Fischotter sehen. Für Kinder gibt es einen Spielplatz und spezielle Führungen ((0 33 31) 2 60 40 · www.blumberger-muehle.de · Apr.–Okt. tgl. 10–18, Nov.–März tgl. 10–16, Restaurant Di–So 11–17, im Winter 11–16 Uhr · Führungen auf Anfrage · 4 € / 3 € / 1 €).

Am Wolletzsee

Von der Blumberger Mühle nach Wolletz

Von der Blumberger Mühle geht es auf gepflastertem Weg an den Teichen des Naturparkzentrums vorbei durch herrliche Wiesen- und Waldlandschaft zum **Wolletzsee.** *Dabei lässt man den Abzweig nach Prenzlau rechts liegen und folgt links der Ausschilderung zum*
10,5 km *Wolletzsee. Am Nordufer liegt das Dorf* ***Wolletz.***

So unscheinbar **Wolletz** 2 wirkt – es hat eine lange Geschichte hinter sich. In früheren Jahrhunderten stand hier ein Jagd-

Der Markt von Angermünde

schloss, das Teil des Gutsbezirks von Wolletz war. 1935 wurde es abgerissen und durch ein neues ersetzt, dazu gesellten sich Parkanlagen mit exotischen Tulpenbäumen und nordamerikanischen Roteichen. Nachdem sich hier im Zweiten Weltkrieg Wehrmachtsangehörige einquartiert hatten, nutzte es ab 1953 Stasi-Chef Erich Mielke mit seiner Familie. Inzwischen ist hier eine Reha-Klinik untergekommen und aus dem alten DDR-Konsum ist ein nettes Café geworden.

Von Wolletz nach Neugrimnitz

In Wolletz geht es an der Kurklinik vorbei, am See entlang und durch dichten Wald zum sehr viel kleineren Heiligen See mit schönen Badestellen (dabei den Abzweig nach Glambeck rechts liegenlassen!). Von hier ist es nicht mehr weit nach ***Altkünkendorf*** *mit* **15 km** *seiner hübschen Dorfkirche und einem renovierten Gutshaus. Nun beginnt die reizvolle Strecke durch den Grumsiner Forst mit herrlichem Buchenwald, die auf ruhiger Landstraße mit leichten Steigungen verläuft. Am* **Großen Grumsinsee** *vorbei folgt man den* **20,2 km** *Wegweisern nach* ***Neugrimnitz*** **3**.

Von 1575 bis 1792 gab es rund um den Grimnitzsee mehrere königliche Glashütten. Mehr darüber erfahren kann man in der Schorfheide-Info in Joachimsthal, die z. T. auch einige Objekte ausstellt (Schorfheide-Info · Töpferstraße 1 · 16247 Joachimsthal · (03 33 61) 6 46 46 · Apr.–Okt, Mo–Mi, Fr 10–16, Di 10–18, im Winter nur Mo, Mi, Fr 10–15, Di 10–18 Uhr, 2.–4. Januarwoche geschlossen).

Naturbeobachtungspunkt

Von Neugrimnitz nach Grimnitz

Von Neugrimnitz geht es weiter und bald über die A 11 hinweg zum **Grimnitzsee,** *wo rechts an der Straße ein* **Naturbeobachtungspunkt** *mit Aussichtsplattform, Fernrohr und Picknickplatz einen herrlichen Blick über den Grimnitzsee mit seiner Tier- und Pflanzenwelt bietet. Danach muss man aufpassen, dass man kurz vor dem Ortseingang von Althüttendorf nicht den Abzweig rechts zum Radweg nach Grimnitz verpasst. Zwischen Datschen und Wald geht es am Ufer des Grimnitzsees entlang in den Ort. Neben der Kommunität Grimnitz, einer ökumenischen Lebensgemeinschaft im hübschen Haus des früheren Oberförsters, öffnet der Förderverein Grimnitzer Glashütten im Sommer an jedem 1. Samstag im Monat die alte Glaswerkstatt. Dann kann man auch einen Blick in den geheimnisvollen Keller der benachbarten* **Burgruine Grimnitz** *werfen, die Ausgangspunkt der brandenburgischen Glasherstellung war. Außerdem werden alljährlich Ende Juli/Anfang August die Glashüttentage mit Ausstellungen gefeiert (Infos über den Förderverein, Glashütte Grimnitz · Grimnitzer Str. 11g · 16247 Joachimsthal · www.glashuettegrimnitz.de oder bei der Schorfheide-Info, s.o.).*

Von Grimnitz zum Bahnhof Joachimsthal

Von Grimnitz fährt man auf der Grimnitzer Straße landeinwärts, biegt rechts in die Töpferstraße und am nächsten Abzweig wieder rechts in die Bahnhofstraße, wo nach etwa 200 Metern rechts der
28 km ***Bahnhof Joachimsthal*** *liegt.*

Abstecher ins Ortszentrum von Joachimsthal und zum Biorama-Projekt

Wer Joachimsthal und das Biorama-Projekt besuchen möchte, lässt auf der Töpferstraße den Abzweig zum Bahnhof rechts liegen und fährt zunächst weiter geradeaus. Bald führt links die Glockenstraße, die später Schulstraße heißt, ins Zentrum.

Sehenswert sind in **Joachimsthal** (4) das **Rathaus** mit Skulpturengarten und die neugotische **Kirche.** Davor erinnert der symbolträchtige Kurfürstenbrunnen an den Namensgeber des Orts – der kupferne Kurfürst Joachim Friedrich begutachtet dabei eine Probe der Grimnitzer Glasstube.

Man verlässt das Stadtzentrum in südlicher Richtung auf der Mühlenstraße, biegt bald links in die Chausseestraße und gelangt links über einen Feldweg (nicht in die Feldstraße einbiegen!) zum sogenannten Biorama-Projekt mit seinem weithin sichtbaren Turm.

Hinter dem **Biorama-Projekt** verbirgt sich eine Aussichtsplattform, die ein britisches Künstlerpaar auf einem ehemaligen Wasserturm installierte und die einen schönen Ausblick auf die Landschaft bietet (Biorama-Projekt · Am Wasserturm 1 · 16247 Joachimsthal · (03 33 61) 6 49 31 · www.biorama-projekt.org · Juni–Ende Aug., Ostern sowie am 3. und am 31. Okt. Di–So 11–18 Uhr · 4 €/ 1 €/). Angeschlossen sind die Weiße Villa und das Café Quadrat.

Vom Biorama-Projekt zum Kaiserbahnhof

Vom Biorama-Projekt geht es über die Angermünder Straße hinweg auf dem Paradiesweg in südlicher Richtung zwischen Kleingartenanlagen zum ausgeschilderten Kaiserbahnhof.

Gebaut für Kaiser Wilhelm II., der hier 1898 zur Jagd anreiste, ist der denkmalgeschützte **Kaiserbahnhof** inzwischen zum Hörspielbahnhof umgestaltet worden. (Joachimsplatz 1–3 · (03 33 61) 6 46 46 · www.hoerspielbahnhof-joachimsthal.de · Kaiserbahnhof · Ostern, April, Mai, Sep. Fr–Mo 11–15, Juni–Aug. Fr–Mo 11–16 Uhr · Hörspielbahnhof · Mitte/Ende Juli–Ende Aug. Sa/So 14–17 Uhr · Erwachsenenhörspiele 17 Uhr).

17 Am märchenhaften Werbellinsee

Start	Ziel	Länge	Fahrzeit
Kaiserbahnhof Joachimsthal	Bhf. Groß Schönebeck	24 km	2,5 Std.

Einen Märchenplatz nannte Fontane den Werbellinsee. Tatsächlich gehört der Rinnenbeckensee, der Relikt der Weichseleiszeit ist, zu den malerischsten Gewässern Brandenburgs. Mit glasklarem Wasser mit bis zu 60 Metern Tiefe ist er eingebettet in die Landschaft des Biosphärenreservats Schorfheide-Chorin mit dichten Wäldern, Mooren und Heide. Während das Wasser zum Baden, Surfen, Rudern oder Segeln einlädt, kann man sich in den Ausflugslokalen Aal, Hecht, Barsch und Wels schmecken lassen. Hat man den Werbellinsee auf dem Radfernweg Berlin-Usedom halb umrundet, geht es weiter durch romantische Wald- und Wasserlandschaft nach Groß Schönebeck.

Wald- und Wasserromantik zwischen Werbellinsee und Eichhorst

Infos zur Tour

Anfahrt
Kaiserbahnhof Joachimsthal (stündlich mit RE 3 und RB 63 von Berlin Hbf. über Eberswalde, ca. 1 Std. 20 Min.)

Rückfahrt
Bahnhof Groß Schönebeck (alle 2 Std. mit RB 27 und S2 über Karow nach S-/U-Bhf. Friedrichstraße, ca. 65 Min.)

Streckenverlauf
Joachimsthal – Hubertusstock – Eichhorst – Groß Schönebeck

Streckencharakteristik
Landschaftlich reizvolle Tour auf fast durchweg asphaltierten Radwegen oder gut befahrbaren Waldwegen. Von Joachimsthal nach Wildau auf straßenbegleitendem Radweg neben Landstraße.

Schwierigkeit
Einfach, mäßige Steigungen

Für Kinder
Ja

Beschilderung
Radfernweg Berlin-Usedom von Joachimsthal bis Eichhorst

Einkehren
Café Wildau · Eichhorst
Wildau 19 · 16244 Schorfheide, OT Eichhorst · (03 33 63) 5 26 30 · www.cafe-wildau.de · Tgl. 12–21 Uhr
Idyllisch gelegenes Traditionshaus mit gehobener Küche, Bootssteg und gepflegtem Hotelbetrieb (EZ ab 79 €, DZ ab 89 €, Frühstück extra 14 €).

Café Eiszeit · Eichhorst
Schulstr. 1b · 16244 Schorfheide OT Eichhorst · (01 72) 3 23 01 96 · Mi–Fr 13–18, Sa/So 12–18 Uhr
Eisspezialitäten, Waffeln und mehr kann man sich hier auch im Liegestuhl schmecken lassen und die müden Beine im Sand des Beach-Gartens entspannen.

Baden
Badestellen am Werbellinsee

Schiffstouren
Reederei Wiedenhöft
Seerandstraße 23 · Joachimsthal · (03 33 61) 4 74 · www.reederei-wiedenhoeft.de, · Mitte Mai.–Mitte Okt.
Die Traditionsschiffe der Reederei starten von verschiedenen Stellen, z. B. Joachimsthal, Am Spring, Süßer Winkel, Hubertusstock, Altenhof, zu Rundfahrten auf dem See, auch zu Schleusen- und Mondscheinfahrten.

Tour kombinierbar mit
Tour 16

Tour auf einen Blick

km 0	Vom ***Kaiserbahnhof Joachimsthal*** ein Stück über die Landstraße Richtung Stadtzentrum und links auf dem straßenbegleitenden Radfernweg Berlin-Usedom am Seeufer und ab Café Wildau am Werbellinkanal entlang nach Eichhorst.
km 14,5	Von ***Eichhorst*** in südlicher Richtung und am Café Eiszeit rechts, dann auf gut befahrbaren Waldwegen nach Groß Schönebeck und am Ortseingang rechts zum Bahnhof.
km 24	***Bahnhof Groß Schönebeck***

Vom Kaiserbahnhof Joachimsthal nach Eichhorst

Auch wenn viele das östliche Ufer des Werbellinsees schöner finden und dort der hübsche Fischerort Altenhof liegt – besser zu befahren ist der gut ausgebaute Radfernweg Berlin-Usedom, der straßenbegleitend zur B 198 auf der westlichen Uferseite entlangführt.
0 km *Vom* ***Kaiserbahnhof*** *in Joachimsthal, den man schon auf Tour 16 (▶ Seite 124) bewundern konnte, fährt man links auf dem Schotterweg bis zur Landstraße und ein kleines Stück rechts in Richtung Joachimsthal, um dann gleich wieder links am Schild „Geopark" der Ausschilderung des Radfernwegs Berlin-Usedom zu folgen. Zwischen den letzten Häusern von Joachimsthal geht es jetzt in den schönen Buchen- und Mischwald, der seit Jahrhunderten beliebtes Jagdgebiet ist. Bald ist auch das Seeufer zu sehen, das auf der anderen Straßenseite liegt. Nun geht es immer auf dem Radweg am Ufer des* **Werbellinsees** ❶ *entlang. Nach ca. 9 Kilometern zweigt rechts die Straße zum Schloss Hubertusstock ab, das etwa 800 Meter abseits des Weges im Wald liegt.*

⇨ Abstecher zum Schloss Hubertusstock

Könige, Kaiser, Nazi- und DDR-Größen nutzten schon das **Jagdschloss Hubertusstock.** Im Auftrag von König Friedrich Wilhelm IV. zu Ehren seiner Frau, einer Tochter Maximilians I. von Bayern, im Stil eines bayerischen Landhauses errichtet, ist es eher ein Gebäude mit umlaufender Holzgalerie als ein Schloss – geschmückt von zahlreichen Hirschgeweihen. Unter Wilhelm I. und vor allem dem jagdbesessenen Kaiser Wilhelm II. wurde es zum

Joachimsthal
Joachimsthal Kaiserbahnhof
Althütt
Althüttendorf
Elsenau
Schorfheide
Großer Lotzinsee
Großer Glasow-see
B 109
B 198
Werbellinsee
Jagdschloss Hubertus-stock
Altenhof
Am Spring
Wildau
Kleiner
Pinnowsee
Großer
Wildpark Schorfheide
Schorfheide-Museum im Jagdschloss
Groß Schönebeck
Groß Schönebeck
A 11
Werbellin
Eichhorst
Buckow
Lichterfelde
Treptow-see
Schleusen-teich
Rosen-beck
Klandorf
Klandorf
N
1000 m
B 109
B 198

Zentrum höfischer Jagden und einem Ort politischer Gespräche und Verhandlungen. Das blieb es auch zu Zeiten der Weimarer Republik und des Nationalsozialismus. In der DDR diente es als Erholungsheim für leitende Angestellte, vor allem hohe Offiziere der Nationalen Volksarmee. Zwischen 1971 und 1973 wurde das inzwischen marode Haus allerdings abgerissen und im alten Baustil wieder aufgebaut. Danach diente es als Gästehaus der DDR-Regierung und beherbergte bekannte Persönlichkeiten der deutschen und internationalen Politik. Noch immer kann man hier die Honecker-Suite besichtigen. Schöner wohnen und essen lässt es sich heute allerdings im benachbarten Tagungshotel.

Vom Abzweig zum Schloss Hubertusstock geht es weiter geradeaus auf dem Radweg, der an der reizvollen Badestelle Am Spring auf die andere Straßenseite wechselt und am Hotel-Restaurant Café Wildau (▶ Seite 133) vorbei zum **Werbellinkanal** *führt. An der Abzweigung quert man hier nicht die Brücke, über die es nach Altenhof und Joachimsthal geht, sondern fährt weiter am Wasser entlang*
14,5 km *durch die romantische Waldlandschaft nach* **Eichhorst.**

Am Werbellinsee beim Café Wildau

Jagdschloss Hubertusstock

So klein und beschaulich **Eichhorst** ❷ wirkt, erstmals urkundlich erwähnt wurde es bereits um 1211. Die eigentliche Besiedlung setzte aber aufgrund eines Briefes von König Friedrich I. an den Oberjägermeister in Liebenwalde ein: „... wir haben allergnädigst resolvieret eine Papiermühle auf Holländische Art hier anlegen zu lassen ...“, hieß es in dem Schreiben von 1709, und bald darauf wurde mit dem Bau begonnen. Als sie abbrannte, rückte eine Mahl- und Schneidemühle an ihre Stelle, die heute nicht mehr existiert. Ohnehin war zwischenzeitlich die Binnenschifferei auf dem im 18. Jahrhundert angelegten Werbellinkanal zum wichtigsten Erwerbszweig geworden. Nachdem Eichhorst zu Beginn des 20. Jahrhunderts beliebtes Ausflugsziel wurde, sind heute auf dem Werbellinkanal hauptsächlich Freizeitkapitäne unterwegs.

Von Eichhorst nach Groß Schönebeck

In Eichhorst durchquert man den Ort und biegt etwas südlich des Zentrums am Café Eiszeit rechts ab (nicht die Route „Märkische Eiszeitstraße“ nehmen, die auch nach Groß Schönebeck führt, aber starke Steigungen aufweist!). Nun geht es auf guten Waldwegen in Richtung Rosenbeck. Allerdings lässt man die Abzweigung links liegen und folgt geradeaus der Ausschilderung nach Groß Schönebeck. Wenn man auf der Rosenbecker Straße in den Ort kommt, geht es rechts zum ***Bahnhof.*** *Bevor man die Heimreise antritt,* ***24 km*** *sollte man aber dem Jagdschloss von Groß Schönebeck einen Besuch abstatten. Dazu fährt man weiter auf der Rosenbecker Straße in Richtung Zentrum und quert die Berliner Straße. Auf der gegenüberliegenden Straßenseite liegt das Jagdschloss mit dem Schorfheide-Museum und der Touristeninformation.*

Das **Jagdschloss** ist die Hauptattraktion von **Groß Schönebeck** ❸. Es stammt aus dem 13. Jahrhundert, wurde aber zwischen 1680 und 1715 vom Soldatenkönig Friedrich Wilhelm I. im Stil des Frühbarocks neu errichtet. Erst Aufenthaltsort der könig-

Hier geht es nach Groß Schönebeck

lichen Herrschaften, wurde es später als Wohnsitz für Oberförster genutzt. Seit 1991 beherbergt es das **Schorfheide-Museum** mit zwei Dauerausstellungen. Eine ist dem Boxweltstar Max Schmeling gewidmet, der sich hier auf der Jagd erholte, die andere präsentiert umfangreiches Bild- und Tonmaterial zum Thema „Jagd und Macht in der Schorfheide" (Schorfheide-Museum im Jagdschloss · Schlossstraße 7 · 16244 Schorfheide · (03 33 93) 6 57 77 · www.schorfheide-museum.de · Mai–Sep. Di–So 10–12.30 und 13–17 Uhr, Okt.–Apr. Di–So 10–12.30 und 13–16 Uhr · 7 €/ 1,50 €, Jährliche Schließzeit: 2. bis 4. Januarwoche).

⇨ Abstecher zum Wildpark Schorfheide

Etwa 3 Kilometer nördlich vom Ortszentrum von Groß Schönebeck liegt der Wildpark Schorfheide. Man erreicht ihn über die B 109, wo er ca. 400 Meter hinter dem Ortsausgang liegt.

100 Hektar groß ist der **Wildpark Schorfheide.** In großzügigen Freigehegen kann man hier heimische Tierarten sehen. Dazu gehören Rot-, Schwarz-, Muffel- und Damwild. Außerdem leben hier Tiere, die in freier Wildbahn ausgestorben sind, wie Wisente oder Elche. Ein 7 Kilometer langes Wegesystem führt durch den Park, der besonders bei Kindern sehr beliebt ist (Prenzlauer Straße 16 · 16244 Schorfheide, OT Groß Schönebeck · (03 33 93) 6 58 55 · www.wildpark-schorfheide.de · tgl. 9–19 Uhr (letzter Einlass 17 Uhr!) · 9 € / 6,50 € (nur Barzahlung!)). Auch die Wölfe sind inzwischen zurückgekehrt. Ihnen kann man z. B. bei thematischen Führungen mit Wolfsfütterungen nahekommen. Beliebt sind außerdem die etwa monatlich stattfindenden Vollmondwolfsnächte, bei denen man sich um 18 Uhr trifft und ihnen für drei bis vier Stunden einen Besuch abstattet. Dafür muss man sich rechtzeitig anmelden. Im Besucherhaus bietet das Restaurant „Kräuterküche" mit Sonnenterrasse regionale Gerichte mit Wild, aber auch vegetarische Spezialitäten an.(März–Okt. Mo–Fr 9.30–17.30, Sa/ So 9–18, Winter Mo–Fr 9.30–16, Sa/ So 9.30–16.30 Uhr · 10 €/ 7 €)

Unterwegs auf dem Oderdamm 18

Start	Ziel	Länge	Fahrzeit
Bhf. Küstrin-Kietz	Bhf. Bad Freienwalde	62 km	5 Std.

An der Oder scheint die Zeit stehen geblieben zu sein. Beschauliche Wiesen- und Weidelandschaft umgibt die nicht begradigten Flussufer. Mal stehen die Auen unter Wasser, wenn der Fluss über die Ufer tritt. Dann wieder überzieht im Frühling ein Blütenmeer die Landschaft. Menschen haben Seltenheitswert. Stattdessen sind hier und da Kühe, Schafe oder Pferde zu sehen, über denen Kormorane, Fischadler oder Trauerseeschwalben kreisen. Umso erstaunlicher, dass sich das Gebiet auf einem superbequemen, asphaltierten Fahrradweg erkunden lässt, sodass sich die rund 50 Kilometer zwischen Küstrin und Hohenwutzen gut bewältigen lassen.

Oft unter Wasser: die Oderauen zwischen Kienitz und Zollbrücke

Infos zur Tour

Anfahrt
Bahnhof Küstrin-Kietz (RB 26 stündlich ab Berlin-Lichtenberg, ca. 60–70 Min., alle 2 Std. auch ab Berlin-Ostkreuz, ca. 78 Min.)

Rückfahrt
Bahnhof Bad Freienwalde (stündlich mit RB 60 und RE 3 über Eberswalde nach Berlin Hbf., ca. 1 Std. 10 Min.)

Streckenverlauf
Küstrin-Kietz – Kienitz – Groß Neuendorf – Zollbrücke – Bad Freienwalde

Streckencharakteristik
Recht lange, aber bequeme, landschaftlich reizvolle Tour auf meist asphaltierten, breiten Fahrradwegen.

Schwierigkeit
Einfach

Für Kinder
Nein, weil zu lang

Beschilderung
Oder-Neiße-Radweg von Küstrin bis Neuglietzen, Theodor-Fontane-Radweg (ganze Strecke)

Einkehren
Hotel-Restaurant Maschinenhaus · Groß Neuendorf
Hafenstraße 2 · 15324 Groß Neuendorf · (03 34 78) 38 77 10 · www.maschinenhaus-online.de ·
Das Restaurant mit guter, auch vegetarischer Küche bietet Frühstück und Abendessen ausschließlich nach Reservierung an. Auch freundliche Zimmer (DZ ab 95 €).

Galerie-Restaurant Dammmeisterei · Zäckericker Loose
Zollbrücke 10 · 16257 Oderaue, OT Zäckericker Loose · (03 34 57) 4 60 90 99 · www.dammmeisterei.de ·
in der Saison Fr–Di, Winter Fr–So 11.30–21 Uhr
In dem Fachwerkhäuschen und Biergarten wird neben hausgemachtem Kuchen auch eine regionale Feinschmeckerküche serviert. Dazu gibt es regelmäßig Kunstausstellungen.

Café Blaue Zwiebel · Bad Freienwalde
Gesundbrunnenstraße 32a · 16259 Bad Freienwalde · (0 33 44) 1 50 19 27 · www.cafe-blaue-zwiebel.de ·
in der Saison Fr–Mo 14–17 Uhr
Am idyllischen Ufer des Papenteichs gibt es hausgemachten Kuchen, Eis und regionale Spezialitäten, mitunter zu den Klängen von Klaviermusik.

Randwirtschaft
Zollbrücke 16 · 16259 Oberaue · (01 79) 2 61 69 90 · www.brodowin.de · öffnet jeweils 2 Std. vor Vorstellungsbeginn
Im Restaurant vom „Theater am Rand" wird rund um die Vorstellungen Schmackhaftes aus dem Ökodorf Brodowin serviert.

Tour kombinierbar mit
Touren 20 und 19 (dann von Platkow auf dem R1 über Letschin und weiter über Kienitz Nord und Groß Neuendorf zum Oderdamm oder mit dem NE 26 von Gusow bzw. Müncheberg nach Küstrin-Kietz).

Tour auf einen Blick

km 0	Vom ***Bahnhof Küstrin-Kietz*** in nordöstlicher Richtung auf der Landstraße (Ausschilderung Hohenwutzen), links und danach rechts auf dem Fahrradweg zum Oderdamm und auf dem Oder-Neiße-Radweg nach Kienitz.
km 20	Von ***Kienitz*** weiter auf bzw. neben dem Oderdeich nach Groß Neuendorf.
km 23	Von ***Groß Neuendorf*** weiter am Fluss entlang bis Zollbrücke.
km 40	Von ***Zollbrücke*** weiter auf dem Oder-Neiße-Radweg und kurz vor Hohenwutzen links durch Neuglietzen, Altglietzen und Gabow bis zur B 158. Dort links über die Brücke und auf dem straßenbegleitenden Radweg zum Bahnhof Bad Freienwalde.
km 62	***Bahnhof Bad Freienwalde***

Vom Bahnhof Küstrin-Kietz nach Kienitz

Vom ***Bahnhof Küstrin-Kietz*** *der Ausschilderung nach Hohenwutzen folgen. Dabei geht es erst links ca. 200 Meter an den Bahngleisen entlang. Dann quert man diese und fährt wieder links an der Landstraße entlang in Richtung Bleyen, bis nach etwa 500 Metern links der Fahrradweg abzweigt. Nach der Unterführung fährt man rechts zum Oderdamm. Von nun an muss man nur noch dem Flusslauf folgen, den der bequeme, asphaltierte Radweg begleitet. Dabei gleitet der Blick über den Fluss und die Oderauen mit ihrer flachen Wiesen- und Weidelandschaft, die oft unter Wasser steht. Am Weg liegen verträumte Dörfer und Siedlungen wie* **Bleyen, Genschmar** *oder* **Sophiental,** *bis man in* ***Kienitz*** *ankommt.* ***0 km*** ***20 km***

In **Kienitz** ❶ erinnert ein **Panzer des sowjetischen Typs T34** daran, dass der Ort der erste westlich der Oder war, der 1945 von der Roten Armee auf ihrem Weg nach Berlin eingenommen wurde. Ansonsten lockt hier das Gasthaus Zum Hafen mit seiner Terrasse und schönem Blick auf das Wasser ((03 34 78) 4 40 · Mai–Sep. tgl. 8–18 Uhr, Winter Fr–Di 10–16 Uhr). Es hat auch eine Pension mit renovierten Zimmern (EZ ab 46 € DZ ab 72 €) und einen Campingplatz (10 € / 7 € pro Person, Stellplatz 5 €). Inzwischen scheint man erkannt zu haben, dass die Zukunft des

Loose
Neulewin
Neubarnim
Jüdischer Friedhof
Oderturm
Post-str.
Galerie
Koch und Kunst
POLEN
Groß
Neuendorf
Porzecze
Namyslin
Gudzisz
Sowj.
Panzer
Radfahrer-
kirche
Kienitz
Chlewice
Namyslinski
Las
Sophienthal
Letschin
Wuschewier
Szumilowo
Letschin
Genschmar
Odra
Oder
Kostrzyn
Zechin
N
2000 m
Bleyen
Neuharden-
berg
Platkow
Golzow
Gorgast
Küstrin-Kietz
Küstrin-Kietz
Gorgast

Hohenwutzen
Altglietzen
Stara Rudnica
B 158
Neu-
glietzen
Neuenhagen
Odra/Oder
Gabow
Siekierki
POLEN
Alte Oder
Neuranft
Neurüdnitz
Neukietz
Neuküstrinchen
Zäckericker
Loose
3
Zollbrücke
Alte Oder
Bad
Freienwalde
Stare
Lysogorki
B 167
Bad Freienwalde
4
Godzdowice
Neureetz
Schloss
Freienwalde
Kurhaus
Neulietze-
göricke
Altranft
Altranft
Altreetz
Altwustrow
Odra/Oder
Czelin
Altwriezen
Zelliner
Loose
Neulewin
Haselberger
N
B 167
Eichwerder
Heide
2000 m
Wriezen
Wriezen
Jüdischer Friedhof
Oder
Post-
str.
Neubarnim
Galerie
Koch und Kunst
Haselberg
Lüders-
dorf
Groß
Neuendorf
2

Örtchens im Oder-Neiße-Radweg liegt. So wurde das Gotteshaus der 500-Seelen-Gemeinde zur **Radwegekirche**. Auch Nichtgläubige können hier einen Moment innehalten und sich sogar im Café „Himmel & Erde" im offenen Kirchenschiff mit Suppen, Salaten oder Kuchen stärken (von Ostern bis zum 3. Okt. Fr–So 12–18 Uhr).

Von Kienitz bis Groß Neuendorf

23 km *Von Kienitz sind es noch ein paar Kilometer bis **Groß Neuendorf,** wo gleich eine geballte Ladung an Attraktionen auf den Besucher wartet.*

Schon von weitem sichtbar ragt in **Groß Neuendorf** (2) der **Oderturm** in die Höhe. Der ehemalige Verladeturm der Hafenanlage ist sozusagen das Wahrzeichen des 650-jährigen Orts, der Warenumschlagplatz auf der Oder war. Heute beherbergt er ein Café mit schönem Ausblick, eine Ferienwohnung und originelle Übernachtungsmöglichkeiten in alten Bauwaggons (Hafenstraße 1a · www.verladeturm.de). Eine Brücke führt zum dazugehörigen Maschinenhaus, das als Hotel und Restaurant fungiert (▶ Seite 140). Daneben haben sich ein Fahrradverleih und ein Laden mit regionalen Produkten angesiedelt, ein Stück weiter serviert das Landfrauen-Café deftige Hausmannskost. Am Ende der Alten Dorfstraße liegt die hübsche **Backsteinkirche** von 1850, jenseits des Ortszentrums erinnert ein gut erhaltener **jüdischer Friedhof** an die frühere jüdische Gemeinde, Schilder weisen den Weg. Die Synagoge wurde zu DDR-Zeiten in ein Wohnhaus verwandelt. Einen Abstecher lohnt vor allem auch die **Galerie Koch und Kunst,** die zu Fotokursen einlädt (Poststraße 12 · (03 34 78) 45 41 · www.kochundkunst.de).

Von Groß Neuendorf nach Zollbrücke

Nach Groß Neuendorf folgt ein besonders einsames Stück Oderaue. Dabei rollt es sich hier so bequem, dass man auf dem Oderdeich in eine geradezu meditative Stimmung verfallen könnte, würden einen nicht hier und da ein paar Pferde aufrütteln, die über die grünen Auen galoppieren, oder eine Schafherde, die sich neben dem
40 km *Deich bewegt. In **Zollbrücke** wird man dann wieder von der Zivilisation eingeholt.*

Bilderbuchlandschaft an der deutsch-polnischen Grenze

So winzig **Zollbrücke** 3, ein Ortsteil von Zäckericker Loose, ist, so viel hat er zu bieten. Zur Dammmeisterei und dem Ziegenhof Zollbrücke (Zollbrücke 20 · (03 34 57) 50 65 · www.ziegenhof-zollbruecke.de), der nicht nur mit Käse, sondern auch mit Eis aus Ziegenmilch lockt, gesellt sich das Theater am Rand, das sich mit seinen Kabarett-, Theater- und Konzertdarbietungen weit über die Region hinaus einen Namen gemacht hat. Unter dem Dach des avantgardistisch-skurrilen Holzhauses kann man sich auch die gute Küche der „Randwirtschaft", Deutschlands einziger biozertifizierter Theatergastronomie, schmecken lassen (Zollbrücke 16 · (03 34 57) 6 65 21 · www.theateramrand.de · 2 Std. vor Vorstellungsbeginn, So ab 10 Uhr mit Anmeldung).

Von Zollbrücke nach Bad Freienwalde

Von Zollbrücke geht es weiter an der Oder entlang bis kurz vor Hohenwutzen, wo man den Oder-Neiße-Radweg verlässt und links in den ausgeschilderten Weg nach Bad Freienwalde abbiegt. Durch die Siedlungen **Neuglietzen, Altglietzen** *und* **Gabow** *fährt man teils auf schmalen Fahrradwegen, teils auf wenig befahrenen*

Dorf- und Landstraßen an Gärten, Feldern und ersten Hügeln des Barnim vorbei, bis der Weg in die B 158 mündet. Hier biegt man links ab, fährt über die Brücke und auf dem rechtsseitigen Radweg
62 km *zum* ***Bahnhof.*** *Vor der Rückfahrt sollte man sich aber noch ein wenig in Bad Freienwalde umsehen. Die Bahnhofstraße führt weiter ins Zentrum.*

Anders als das flache Oderbruch ist **Bad Freienwalde** 4 von bewaldeten Hügeln umgeben und lockt mit über hundert Baudenkmälern. Viele von ihnen stehen mit dem Kurbetrieb in Verbindung, denn Bad Freienwalde ist der älteste Kurort Brandenburgs. 1683 hatte ein Apotheker die Heilkraft einer Freienwalder Quelle entdeckt. Daraufhin ließ der gichtkranke Kurfürst Friedrich Wilhelm rund um diesen Gesundbrunnen einen Kurbetrieb aufbauen. So errichtete Carl Gotthard Langhans 1790 das historische **Badehaus** als Logierhaus für adelige Gäste, 1875 gesellte sich das **Kurhaus** dazu, aus dem inzwischen eine Fachklinik für Orthopädie geworden ist. Auch ein **Kurpark** entstand unter Mitwirkung von Peter Joseph Lenné. Außerdem ließ sich Königin Friederike um 1799 ein **Schloss** als Sommersitz bauen – vorher hatte sie das hübsche Teehäuschen bewohnt. Um 1909 bezog es der Industrielle, Sozialphilosoph und spätere Außenminister der Weimarer Republik, Walther Rathenau (Schloss Bad Freienwalde · Rathenaustraße 3 · Do–So 11–17, Nov.– Ende März 11–16 Uhr · 4 € / 2 €). Beim Rundgang durch die Altstadt läst sich zudem der dreieckige **Marktplatz** mit der Stadtkirche **St. Nikolai** und der mehr als 100-jährigen Kaisereiche entdecken. Schräg gegenüber steht das spätklassizistische **Rathaus** mit Ratssaal von 1926, ein Stück weiter ist im sogenannten Adligen Freihaus mit barocker Fassade von 1774 das **Oderlandmuseum** untergekommen (Uchtenhagenstraße 2 · (0 33 44) 20 56 · Mi–So 11–17 Uhr, Fei nur auf Anfrage · 3 € / 2 €). Weiter südlich, an der Georgenkirchstraße, hat die Georgenkirche im Fachwerkstil mehr als drei Jahrhunderte überdauert und wird heute als Konzerthalle genutzt. Schöner Aussichtspunkt neben dem Schlossberg ist der **Galgenberg,** bei dem es seit 2001 auch eine Skisprungschanze gibt.

Auf dem Oderbruchbahn-Radweg 19

Start	Ziel	Länge	Fahrzeit
Bhf. Seelow-Gusow	Bhf. Müncheberg	42 km	5 Std.

Das Oderbruch ist eine Welt für sich. In dem einsamen Landstrich an der Grenze zu Polen scheint die Zeit stillzustehen. Ursprünglich mooriges Sumpfland, ließ der Alte Fritz den Landstrich im 18. Jahrhundert trockenlegen und mit Kolonisten aus der Pfalz, Österreich und Frankreich besiedeln. Lange Zeit verband die Oderbruchbahn die unscheinbaren Dörfer und Städtchen mit Berlin. In den 1960er-Jahren wurde sie stillgelegt. Heute hat sich die ehemalige Trasse in einen der komfortabelsten Radwege Brandenburgs verwandelt. Einer der reizvollsten Abschnitte der insgesamt 120 Kilometer langen Strecke führt von Seelow nach Müncheberg, dem Tor zur Märkischen Schweiz.

Der Oderbruchbahn-Radweg bei Müncheberg

Infos zur Tour

Anfahrt
Bahnhof Seelow-Gusow
(RB 26 stündlich ab Berlin-Lichtenberg, ca. 50 Min., alle 2 Std. auch ab Berlin-Ostkreuz, ca. 57 Min.)

Rückfahrt
Bahnhof Müncheberg
(RB 26 stündlich, ca. 35 Min. bis Berlin-Lichtenberg, alle 2 Std. auch bis Berlin-Ostkreuz, ca. 40 Min.)

Streckenverlauf
Gusow – Seelow – Diedersdorf – Neuentempel – Lietzen – Falkenhagen – Arensdorf – Hasenfelde – Heinersdorf – Behlendorf – Müncheberg

Streckencharakteristik
Abwechslungsreiche, bequem zu fahrende Tour auf meist asphaltierten Radwegen mit mäßigen Steigungen. Von Gusow nach Diedersdorf auf straßenbegleitendem Radweg neben der Landstraße.

Schwierigkeit
Leicht bis mittel, mäßige Steigungen

Für Kinder
Ja (bei gutem Durchhaltevermögen)

Beschilderung
Oderbruchbahn-Radweg ab Seelow, Märkische Schlössertour von Seelow bis Hasenfelde

Einkehren
In den größeren Orten wie Seelow oder Müncheberg gibt es allerlei Bäckereien und Imbissmöglichkeiten, doch ist das gastronomische Angebot nicht überwältigend.

Eisgarten Buchholz · Falkenhagen
August-Bebel-Str. 15 · 15306 Falkenhagen · (03 36 03) 2 88 · Mi–So 12–20 Uhr
Wer keine großen Ansprüche stellt, kann sich hier gut mit Eis, Kaffee, Kuchen und kühlen Getränken erfrischen.

Alte Schmiede · Heinersdorf
Frankfurter Chaussee 12 · 15518 Heinersdorf · (03 34 32) 74 61 05 · www.alteschmiede-b5.de · Mi–So 11.30–20 Uhr
Hier kann man sich mit frischen Salaten oder einer herzhaften Schmiedepfanne stärken.

Hollerhof-Oderbruch
Loose 7 · 15306 Gusow-Platkow · (01 52) 28 74 44 52 · www.hollerhof-oderbruch.de
Im Hollerhof aus dem 19. Jahrhundert laden zwei liebevoll gestaltete Ferienwohnungen (ab 59 €) und ein Bauerngarten zur Auszeit im Oderbruch ein. Fahrradverleih.

Baden
Beim Schloss Gusow und am Heinersdorfer See

Tour kombinierbar mit
Touren 3 und 20 (zum Anschluss an Tour 20 nicht zum Bahnhof von Müncheberg fahren, sondern vom Stadtzentrum den kürzeren Weg über Obersdorf nach Münchehofe)

Tour auf einen Blick

km 0	Vom ***Bahnhof Seelow-Gusow*** auf dem straßenbegleitenden Radweg Märkische Schlössertour in südlicher Richtung nach Seelow.
km 4	Von ***Seelow*** in westlicher Richtung auf der Berliner Straße stadtauswärts und auf dem Oderbruchbahn-Radweg an der B 1 entlang nach Diedersdorf.
km 8,5	Von ***Diedersdorf*** links über Neuentempel nach Lietzen Nord.
km 13,5	Von ***Lietzen Nord*** weiter auf dem Radweg über Lietzen nach Falkenhagen
km 19	Von ***Falkenhagen*** rechts über die Ernst-Thälmann-Straße über Arensdorf nach Hasenfelde.
km 27,3	Von ***Hasenfelde*** rechts, durch Heinersdorf hindurch und am Heinersdorfer See entlang nach Behlendorf. Über die Jahnsfelder Straße nach Müncheberg.
km 39,3	In ***Müncheberg*** links durch den Kreisel, über die Ernst-Thälmann-Straße durch das Stadtzentrum, weiter in nordwestlicher Richtung über die Eberswalder Straße und rechts die Dahmsdorfer Straße zum Bahnhof.
km 42	***Bahnhof Müncheberg***

Vom Bahnhof Seelow-Gusow nach Seelow

Wer sich das Schloss von Gusow (► Seite 162) ansehen möchte, muss zunächst am Bahnhof links der Ausschilderung in den Ort folgen, wo nach etwa 2 Kilometern das Schloss liegt. Für alle anderen geht es am ***Bahnhof*** *rechts zum ausgeschilderten Radweg Märkische Schlössertour, der in südlicher Richtung entlang der Landstraße nach* ***Seelow*** *führt.* ***0 km*** ***4 km***

Im Stadtzentrum von Seelow (1) kann man einen Blick auf die 1832 erbaute **Schinkelkirche** und das **Rathaus** mit spätklassizistischer Fassade werfen. Die meisten verbinden mit dem Ort allerdings die Gedenkstätte Seelower Höhen etwas außerhalb (► Abstecher Seite 152).

Gusow
Dorfstr.
B 167
Bagger-
see
Wulkower
Forst
Schäferstr.
Werbig
Werbig
Seelow-Gusow
Hermersdorf
Hermersdorfer Str.
Wulkow
Birkensee
d. Jugend
Münchehofe
Hintersee
Vorderer
Haussee
Alt Rosentha
Alt Rosenthal
Trebnitz (Mark)
Trebnitz
Obersdorf
Obersdorf
Wermelinsee
Görlsdorf
B 1
Seelow (Mark)
Seelow
1
Berliner Str.
Gedenkstätte
Seelower
Höhen
Schinkel-
kirche
B 167
Werin
Haussee
Diedersdorf
Friedersdorf
B 1
Kirche
Schloss
Halbesee
Fahrradkirche
Neuentempel
Großer
See
2
Küchen-
see
3
Komturei
Lietzen Nord
Marxdorf
Jahnsfelde
Müncheberg
B 1
Rathaus
5
St. Marien
E.-Thälmann-Str.
Behlen-
dorfer
Wald

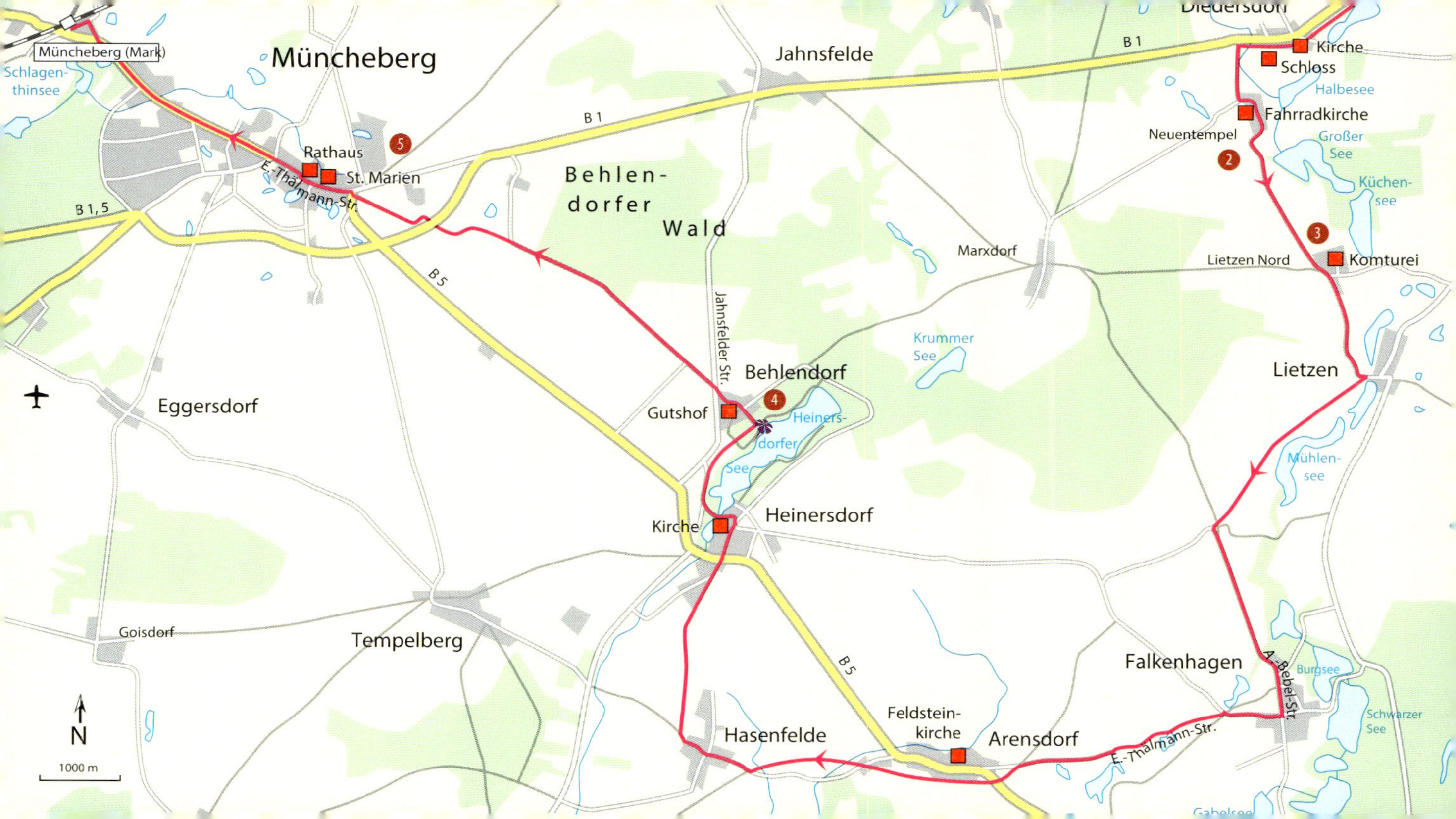

Müncheberg (Mark)
Müncheberg
Schlagen-
thinsee
Rathaus
St. Marien
E.-Thälmann-Str.
5
B 1, 5
B 1
B 5
Jahnsfelde
Behlen-
dorfer
Wald
Marxdorf
Jahnsfelder Str.
Behlendorf
4
Gutshof
Heiners-
dorfer
See
Krummer
See
Kirche
Heinersdorf
Eggersdorf
Goisdorf
Tempelberg
Hasenfelde
Feldstein-
kirche
Arensdorf
E.-Thälmann-Str.
Falkenhagen
A.-Bebel-Str.
Burgsee
Schwarzer
See
Mühlen-
see
Lietzen
Lietzen Nord
Komturei
3
Küchen-
see
Großer
See
2
Neuentempel
Fahrradkirche
Halbesee
Schloss
Kirche
N
1000 m

Abstecher zur Gedenkstätte Seelower Höhen

Die Gedenkstätte Seelower Höhen liegt ca. 1 Kilometer außerhalb des Zentrums von Seelow. Um dorthin zu gelangen, fährt man vom Puschkinplatz die Küstriner Straße in östlicher Richtung hinunter.

Wer würde vermuten, dass die beschauliche Oderbruchlandschaft Schauplatz eines der schrecklichsten Kapitel der deutschen Geschichte war? Auf den **Seelower Höhen,** unweit des Stadtzentrums, fand im Frühjahr 1945 die größte Schlacht des Zweiten Weltkriegs auf deutschem Boden statt. Bei der letzten sowjetischen Großoffensive, der „Berliner Operation", mit der die Reichshauptstadt eingenommen und der Krieg beendet werden sollte, standen sich Hunderttausende von Soldaten gegenüber. Daran, dass hier allein 33 000 Rotarmisten, 12 000 Wehrmachtsangehörige und 5 000 polnische Soldaten ums Leben kamen, erinnert die Gedenkstätte mit einem allzu pathetischen Mahnmal des sowjetischen Bildhauers Lew Kerbel: ein Sowjetsoldat, der mit Maschinengewehr stolz vor der Brust neben einem Panzer steht. Später wurde es durch ein Museum ergänzt (Gedenkstätte Seelower Höhen · Küstriner Straße 28a · 15306 Seelow · (0 33 46) 5 97 · www.gedenkstaette-seelower-hoehen.de · Di–So/Fei 11–16 Uhr · 5 € / 3 €). Von hier ist es nicht weit zum **Schweizerhaus** (Am Schweizerhaus 1–5 · (0 33 46) 4 29 19 10 · www.heimatverein-seelow.de), wo der jüdische Berliner Bankier Hugo Simon von 1919 bis zu seiner Flucht nach Brasilien ein Mustergut betrieb. Das Außengelände ist Di–Do 9–14 Uhr zugänglich, von Mai–Sep. öffnet So von 14–17 Uhr die Scheune für ein „Sammeltassen-Café".

Von Seelow nach Diedersdorf

Vom Stadtzentrum von Seelow geht es in westlicher Richtung auf der Berliner Straße stadtauswärts, nach ca. 200 Metern beginnt der ausgeschilderte Radweg, der beim Gewerbegebiet auf die linke Straßenseite wechselt und auf separatem Radweg an der B 1 entlang
8,5 km *nach* ***Diedersdorf*** *führt. Im Zentrum des Orts liegen eine Kirche und ein Schloss aus dem 18. Jahrhundert mit denkmalgeschützter Parkanlage, das heute ein Dienstleistungszentrum beherbergt. Am Ortsausgang zweigt links der Radweg nach Neuentempel ab.*

Eingebettet in die leicht hügelige Seenlandschaft um das Platkower

Mühlenfließ liegt das verträumte **Neuentempel** ②, das 1247 vom Templerorden gegründet wurde. Mit seinen Bauernhäusern und alten Bäumen ist es schön anzusehen. Im Zentrum steht die **Fahrradkirche** aus massiven Feldsteinen – im Pfarrgarten dürfen Radler gegen geringe Gebühr campen sowie Bad und Küche nutzen.

Von Neuentempel nach Lietzen Nord

Hinter Neuentempel beginnt einer der schönsten Abschnitte des Oderbruchbahn-Radwegs. Anders als im eigentlichen Oderbruch wird die Landschaft jetzt sogar etwas hügelig, außerdem reihen sich viele Seen aneinander. So geht es durch die sanft gewellte Landschaft an Feldern und kleinen Wäldchen vorbei nach ***Lietzen Nord*** ③, *wo man auf jeden Fall in den Ort zur Komturei Lietzen fahren sollte.* ***13,5 km***

1229 vom Templerorden gegründet, ist die **Komturei Lietzen** eine gepflegte Gutsanlage mit romanischer Kirche aus dem 13. Jahrhundert, einem Herrenhaus, einem Speicher und verschiedenen Wirtschaftsgebäuden. Eigentümer ist die gräfliche Familie von Hardenberg. 1814 hatte König Friedrich Wilhelm III. seinem Staatskanzler Karl August Fürst von Hardenberg den Besitz geschenkt. Nachdem sich einer seiner Nachkommen, Carl-Hans Graf von Hardenberg, 1944 am Attentat auf Hitler beteiligt hatte, wurde die Familie von den Nationalsozialisten enteignet. Im Zuge der Bodenreform nahm die DDR ihr abermals das Anwesen. Erst nach der Wende gelangte die Komturei wieder in den Besitz der Familie. Bei einem Besuch des Anwesens kann man auch den geschnitzten, bemalten Kanzelaltar der Kirche aus dem 18. Jahrhundert bewundern.

Die Kirche der Komturei Lietzen

Von Lietzen Nord nach Behlendorf

Durch Lietzen Nord und **Lietzen,** *wo es übrigens einen Rastplatz*
19 km *mit Sanitäranlagen für Radler gibt, geht es weiter nach* **Falkenhagen.** *Hier biegt man im Ortszentrum an der Kreuzung August-Bebel-/Ernst-Thälmann-Straße rechts ab in Richtung* **Arensdorf.** *Links liegen idyllische Seen, bevor nach ca. 8,3 Kilometern das Dorf*
27,3 km *mit stattlicher Feldsteinkirche erreicht ist. Bei* **Hasenfelde** *teilt sich der Oderbruchbahn-Radweg: Hier muss man aufpassen, dass man sich rechts Richtung Heinersdorf hält, statt links nach Steinhöfel zu fahren. Am Ortseingang von Heinersdorf biegt man am Gasthaus Alte Schmiede rechts ab und fährt auf der Hauptstraße über den Dorfanger, bis es an der Kirche wieder links auf den Fahrradweg geht. Durch ein kleines Sumpfgebiet führt er schließlich am* **Heinersdorfer See** *entlang nach Behlendorf.*

Der winzige Ort **Behlendorf** 4 überrascht mit einem denkmalgeschützten historischen **Gutshof,** der 1802 nach Plänen Karl Friedrich Schinkels angelegt wurde. Herrenhaus, Landarbeiterhäuschen und eine Brennerei verteilen sich im Kreis um einen kleinen Teich.

Seit 1923 sind die Seen um Falkenhagen Landschaftsschutzgebiet

Von Behlendorf nach Müncheberg

Hat man den Dorfkern durchquert, geht es weiter über die Jahnsfelder Straße hinweg in eine wunderschöne, kaum befahrene Eichenallee und schließlich auf einen geteerten Waldweg, der nach ca. 8 Kilometern und unter der B 1 hindurch Müncheberg erreicht. Dort heißt er Behlendorfer Weg und führt am Ende rechts zu einem Kreisverkehr, wo man links abbiegt, um auf der Ernst-Thälmann-Straße ins Zentrum von ***Müncheberg*** *zu fahren. Sehenswürdigkeiten wie die St. Marien-Kirche liegen dabei auf dem Weg.* ***39,3 km***

Die Stadt **Müncheberg** 5, die sich „Tor zur Märkischen Schweiz" nennt, mag ein guter Ausgangspunkt für Touren sein, zum Verweilen lädt sie nicht unbedingt ein. Zwar beweisen allerlei historische Gebäude, dass sie auf eine lange Vergangenheit zurückblickt. Aber mit dem Charme anderer Altstadtkerne kann der von Müncheberg nicht mithalten. Bis heute umschließt eine Stadtmauer das Zentrum, über das sich der **Küstriner Turm** und der **Berliner Turm** von 1319 erheben. Auch das **Rathaus** am Marktplatz hat überdauert, im Torwärterhaus ist die Touristen-Information untergekommen. Doch fehlen Cafés, Lokale oder Geschäfte, die den etwas freudlosen Straßen Leben einhauchen. Eins sollte man sich aber auf jeden Fall ansehen: die Stadtpfarrkirche **St. Marien.** Der gotische Backsteinbau aus dem Mittelalter kann nicht nur mit einem Turm nach Schinkels Plänen beeindrucken. Besonderes Kuriosum ist seine heutige Nutzung: Nachdem er im Zweiten Weltkrieg stark zerstört und in den 1990er-Jahren wieder aufgebaut worden war, erhielt er einen geradezu avantgardistischen Einbau, der heute als Stadtbibliothek, Konzert-, Theatersaal sowie Ausstellungsraum fungiert – alles in gotischem Ambiente.

Vom Stadtzentrum zum Bahnhof Müncheberg

Vom Stadtzentrum geht es weiter auf der Ernst-Thälmann-Straße, die später Eberswalder Straße heißt. Nach ca. 3 Kilometern zweigt rechts die Dahmsdorfer Straße ab, an deren Ende links die Straße Am Bahnhof zum ***Bahnhof Müncheberg*** *führt.* ***42 km***

20 Auf der Märkischen Schlössertour

Start	Ziel	Länge	Fahrzeit
Bhf. Müncheberg	Bhf. Seelow-Gusow	30,1 km	3,5 Std.

Im Landkreis Märkisch-Oderland haben unzählige Schlösser die Jahrhunderte überdauert. Mal streng klassizistisch, mal neugotisch oder in verspieltem Neobarock gestaltet, werden die Gebäude heute ganz unterschiedlich genutzt: als Hotel, Museum oder auch als moderner Musenhof wie Schloss Neuhardenberg, das mit einem hochkarätigen Kulturprogramm Menschen aus aller Welt in den einsamen Osten holt. Gleich vier Schlösser gibt es auf der Strecke von Müncheberg nach Gusow zu entdecken. Unterwegs kann man auch beobachten, wie die hügelige Landschaft der Märkischen Schweiz langsam ins flache, weite Oderland übergeht.

Schloss Neuhardenberg ist der glanzvolle Höhepunkt der Tour

Infos zur Tour

Anfahrt
Bahnhof Müncheberg
(RB 26 stündlich ab Berlin-Lichtenberg, ca. 35 Min., alle 2 Std. auch ab Berlin-Ostkreuz, ca. 40 Min.)

Alternative ohne den ersten Teil auf der Landstraße :
Bahnhof Obersdorf
(RB 26 alle 2 Std., ca. 45 Min. ab Berlin-Ostkreuz und Berlin-Lichtenberg)

Rückfahrt
Bahnhof Seelow-Gusow
(RB 26 stündlich nach Berlin Lichtenberg, ca. 48 Min., alle 2 Std., auch bis Berlin Ostkreuz, ca. 60 Min.)

Streckenverlauf
Müncheberg – Obersdorf – Trebnitz – Wulkow – Neuhardenberg – Platkow – Gusow

Streckencharakteristik
Kulturhistorisch interessante Tour, teils auf asphaltierten Radwegen, teils auf verkehrsarmen Landstraßen. Von Neuhardenberg nach Gusow auf straßenbegleitendem Radweg neben der Landstraße.

Schwierigkeit
Einfach bis mittel, mäßige Steigungen

Für Kinder
Ja (bei entsprechendem Durchhaltevermögen)

Beschilderung
Märkische Schlössertour bzw. R1

Einkehren
Dorfladen & Café Schloss Trebnitz
Platz der Jugend 6 · 15374 Trebnitz · (03 34 77) 5 19 50 · www.schloss-trebnitz.de · Apr.–Okt. Di–Do: 11.30–16.30, Fr 11.30–18.30, Sa 07.30–12.00 Uhr, Winter nur Laden; Sa 12–18 So 11–17 Uhr
Im Schlossareal verkauft der gut bestückte Dorfladen regionale Produkte, das Café mit hübscher Terrasse bietet dazu Kaffee, Kuchen, Erfrischungsgetränke und kleine Snacks.

Restaurant Brennerei & Hotel Schloss Neuhardenberg
Schinkelplatz · 15320 Neuhardenberg · (03 34 76) 60 00 · www.schlossneuhardenberg.de · Apr.–Okt. tgl. ab 12, sonst Mo–Do ab 17, Fr–So ab 12 Uhr · Ausstellungen Apr.–Okt. Mi–So, Fei 11–18, Nov.–März 11–16 Uhr
Das Restaurant im Nebengebäude des Schlosskomplexes serviert sehr gute Bistro-Küche. Übernachtung im Hotel möglich (EZ ab 135 €, DZ ab 185 €).

Baden
Badestellen am Haussee bei Obersdorf und am Baggersee bei Schloss Gusow

Tour kombinierbar mit
Touren 19 und 3

Tour auf einen Blick

km 0	Vom ***Bahnhof Müncheberg*** ins Stadtzentrum, weiter bis zum Kreisverkehr, dort links und gleich wieder links zum Ortseingang von Obersdorf.
km 8,2	Von ***Obersdorf*** hinter der Bahnschranke rechts und gleich wieder rechts auf einer Baumallee nach Trebnitz.
km 11,5	Von ***Trebnitz*** am Ende der Bahnhofstraße links auf der Landstraße nach Wulkow.
km 15,8	Von ***Wulkow*** rechts auf dem Europaradweg R1 nach Neuhardenberg und links über die Karl-Marx-Straße zum Schloss.
km 19,1	Von ***Neuhardenberg*** auf der Karl-Marx-Straße in östlicher Richtung und weiter auf dem straßenbegleitenden Radweg nach Platkow. Dort auf dem Radweg Märkische Schlössertour und der Dorfstraße nach Gusow. Am Ortseingang rechts auf dem Fahrradweg am Schloss vorbei und zum Bahnhof.
km 30,1	***Bahnhof Seelow-Gusow***

Vom Bahnhof Müncheberg nach Trebnitz

0 km *Vom* ***Bahnhof*** *kommend fährt man links auf der Straße und zweigt an der Gabelung rechts ab, um ins ca. 3 Kilometer entfernte Stadtzentrum zu fahren (**▸ Tour 19**). Dann folgt man weiter der Ernst-Thälmann-Straße bis zum Kreisverkehr, biegt dort links in die Seelower und gleich noch einmal links in die Landstraße L362 ab,*
8,2 km *die an Feldern vorbei nach* ***Obersdorf*** *führt. Wer sich die Anfahrt auf der Landstraße sparen will, kann alternativ mit der Bahn bis Obersdorf fahren und erst hier starten. Hat man am Ortseingang die Bahngleise überquert, geht es am Denkmal und der großen Linde rechts und kurz darauf wieder rechts der Fahrrad-Ausschilderung folgend über die Bahngleise und auf einer Baumallee nach*
11,5 km ***Trebnitz*** ❶*. Das Ortszentrum liegt rechts von der Bahnhofstraße.*

Hier lohnt ein Abstecher zum **Schloss Trebnitz,** das 300 Meter rechts von der Bahnhofstraße liegt und Zentrum einer repräsentativen Gutsanlage mit Ehrenhof, Wohn- und Wirtschaftsgebäuden sowie einem 27 Hektar großen **Schlosspark** ist. Das vorbildlich sanierte, ursprünglich barocke, später klassizistisch

N
1000 m
Neuhardenberg
Schloss
3
Karl-Marx-Allee
B 167
Platkow
Dorfstr.
Gusow
4
B 167
Bagger-see
Schloss
Schäferstr.
Seelow-Gusow
Wulkower
Forst
Dolgensee
Stafsee
Pritzhagen
Märkische
Schweiz
Hermersdorf
Hermersdorfer Str.
Schloss-hotel
Wulkow
2
Buckow
Birkensee
Str. d. Jugend
Münchehofe
Gr. Klobig-see
Hintersee
Vorderer Haussee
Trebnitz (Mark)
Trebnitz
1
Schloss
Obersdorf
Obersdorf
Dahms-dorf
Alt Rosentha
Alt Rosenthal
B 1
Seelow
Berliner Str.
Wermelinsee
Görlsdorf
Werin
Haussee
Diedersdorf
B 1
Jahnsfelde
Müncheberg
Müncheberg (Mark)
Schlagen-thinsee
E.-Thälmann-Str.
B 1, 5
B 1
Behlen-dorfer
Halbesee
Neuentempel
Großer See
Küchen-see

Die Märkische Schweiz bei Müncheberg

überformte Herrenhaus gehörte 1707 Georg Friedrich von Ziethen und von 1827 an der Familie von Brünneck, die 1945 enteignet wurde. Heute dient es als Bildungs- und Begegnungsstätte vor allem dem Austausch mit dem Nachbarland Polen. Gleich nebenan ist aus dem Inspektorenhaus das **Gustav Seitz Museum** geworden. Es zeigt in wechselnden Ausstellungen Skulpturen, Druckgrafik und Zeichnungen des 1906 in Mannheim geborenen und 1969 verstorbenen Bildhauers Gustav Seitz, der unter anderen Käthe Kollwitz, Bertolt Brecht und Pablo Picasso porträtiert hat ((03 34 77) 51 90 · www.gustav-seitz-museum.de · März–Okt. Mi–So 11–17 Uhr, Nov.–Feb. Fr–So 11–17 · Eintritt 5 €).

Von Trebnitz nach Wulkow

Zurück an der Bahnhofstraße überquert man die Bahngleise und fährt immer geradeaus auf der von Eichen gesäumten Landstraße
15,8 km *L36 an Feldern und kleinen Wäldchen vorbei nach* ***Wulkow.***

Der Ortsname **Wulkow** 2 soll sich vom slawischen Wort für Wolf herleiten. Doch Wölfe heulen hier nicht mehr. Stattdessen finden sich viele Hochzeitspaare ein, um im stattlichen **Schlossgebäude** mit eigenem Standesamt den Bund fürs Leben zu schließen. Ursprünglich Rittergut, hat es eine wechselvolle Geschichte hinter sich und der verputzte Ziegelbau erhielt sein heutiges neobarockes Aussehen erst zwischen 1900 und 1910. Inzwischen hat er sich in ein komfortables Hotel verwandelt.

Von Wulkow nach Neuhardenberg

In Wulkow folgt man auf der Hauptstraße dem leichten Linksbogen durch den Ort, bis am Ende rechts der bequeme, asphaltierte Radweg R1 abzweigt. Teils durch dichten Kiefern- und Mischwald, teils an Wiesen und Weiden vorbei, führt er nach etwa 3 Kilometern nach ***Neuhardenberg.*** *Im Ort biegt man links auf die Karl-Marx-Allee und folgt ihr, bis man nach 1 Kilometer das Schloss erreicht.* *19,1 km*

Wer sagt, dass die Provinz langweilig und öde ist? Von einer ganz anderen, charmanten Seite zeigt sie sich in **Neuhardenberg** 3, wo sich in früheren Zeiten die intellektuelle Crème de la Crème Preußens versammelte und auch heute wieder ein Musenhof mit internationalem Flair lockt. Im Mittelpunkt steht das strahlend weiße **Schloss.** 1348 unter dem Namen Quilitz erstmals urkundlich erwähnt, schenkte Friedrich der Große den Herrensitz 1759 dem Oberstleutnant von Prittwitz für seine Verdienste in der Schlacht von Kunersdorf. 1811 erwarb ihn der preußische Staat zurück und machte ihn 1814 dem Staatskanzler Karl August Fürst von Hardenberg zum Geschenk. Mit ihm sollten „Urbanität, Grazie und Lebensgefühl" ins Oderland einziehen. Dazu verwandelte Preußens Baumeister Schinkel den spätbarocken Landsitz in ein elegantes, klassizistisches Palais mit Kavalierhäusern, Orangerie und Wirtschaftsgebäuden. Durch den Haupteingang des Schlosses mit dreieckigem Giebel gelangt man in ein Vestibül mit reichem Stuckdekor sowie Büsten von Homer, Sokrates und Ganymed und weiter in den repräsentativen Gartensaal (Schloss Neuhardenberg · Schinkelplatz · (03 34 76) 60 00 · www.schlossneuhardenberg.de · Park ganzjährig geöffnet · Schloss Apr.–Okt. So, Fei 11–18 Uhr · 3 €, Audioguide 4 € · Führungen auf Anfrage · Ausstellungen Mitte März–Okt. Di–So 11–18 Uhr, im Winter Sa/So 11–16 Uhr · 4 €/ 3 €).

Zum Gesamtkunstwerk wurde die Schlossanlage, als Peter Joseph Lenné unter Mitwirkung von Hermann Fürst von Pückler-Muskau den **Schlosspark** im Stil englischer Landschaftsgärten anlegte. Sichtachsen verbinden Architektur und Natur, neben einem Marmordenkmal für Friedrich den Großen spiegelt sich das Schloss in einem kleinen See.

Gleich dabei steht die **Schinkelkirche**, die der Baumeister zwischen 1814 und 1817 zum klassizistischen Putzbau vollendete. Ein besonderes Highlight im Inneren der Emporenhalle ist die berühmte Decke mit blauem Sternenhimmel (Schinkelkirche · www.schinkel-kirche.de · Mai–Okt. Fr–So nachmittags, im Winter unterschiedl. Öffnungszeiten unter www.schinkelkirche.de). Im Altar fand übrigens auch das Herz des früheren Staatskanzlers seine letzte Ruhestätte. Sein Nachfahr, Carl-Hans Graf von Hardenberg, beteiligte sich indessen am Attentat auf Adolf Hitler. Er wurde im Gartensaal des Schlosses von der Gestapo festgenommen und ins KZ Sachsenhausen gebracht.

Nach Kriegsende folgte die Enteignung durch die DDR, aus Neuhardenberg wurde das sozialistische Musterdorf Marxwalde. Die Nationale Volksarmee zog hier ein, am Ortsrand wurden die Jagdfliegergeschwader und Flugzeuge der DDR-Regierungsstaffel stationiert. Nach der Wende wurde aus Marxwalde wieder Neuhardenberg. Inzwischen hat der Ostdeutsche Sparkassenverband das Gebäudeensemble des Schlosses aufwendig saniert und in ihm einen eleganten Hotelbetrieb untergebracht. So knüpft das Schloss nun mit anspruchsvollen Debatten, Konzerten und Ausstellungen an die einstige Rolle des Musenhofs an.

Von Neuhardenberg nach Gusow

Vom Schloss Neuhardenberg fährt man auf der Karl-Marx-Allee wieder zurück Richtung Osten und dann weiter auf dem straßenbegleitenden Radweg neben der Landstraße nach Platkow. Hier folgt man der Dorfstraße, die in leichtem Bogen nach Gusow führt. Dort zweigt an der Pestalozzistraße rechts der Fahrradweg ab, der wieder rechts über die Breitscheidstraße zum Schloss Gusow führt.

„In **Gusow** 4, einem der alten Wendendörfer, erinnert alles an den alten Derfflinger", schrieb Fontane über den Ort am Rand des

Sonnenaufgang im Schlosspark Neuhardenberg

Oderbruchs. Tatsächlich geht das stattliche **Schloss Gusow** aus dem 17. Jahrhundert, in dem auch der erste Teil von Fontanes Roman *Vor dem Sturm* spielt, auf den Generalfeldmarschall zurück und wurde später neogotisch überformt. Zum Ensemble gehört auch ein Schlosspark mit künstlicher Ruine und Liebesgrotte, der im 18. Jahrhundert angelegt wurde. Doch nachdem der Besitzer, der das Gebäude als Hotel und Zinnfigurenmuseum nutzte, verstorben ist, sind Schloss und Park in einem beklagenswerten Zustand. Immerhin lädt ganz in der Nähe ein kleiner Badesee zur Abkühlung ein.

Vom Stadtzentrum zum Bahnhof Seelow-Gusow

Vom Schloss geht es weiter über die Breitscheidstraße, die rechts über die Straße Sandberg und links über die Schäferstraße zum ***Bahnhof Seelow-Gusow*** *führt.* ***30,1 km***

Lübbenau – Burg – Lübbenau

21 Auf dem Gurkenradweg durch den Spreewald

Start	Ziel	Länge	Fahrzeit
Bhf. Lübbenau	Bhf. Lübbenau	36 km	4 Std.

Das Biosphärenreservat Spreewald ist eine einzigartige Landschaft. Der Sage nach sollen dem Teufel beim Pflügen die Ochsen durchgegangen und beim wilden Gerangel der Tiere die Spreewaldfließe entstanden sein. In Wirklichkeit teilte sich nach der letzten Eiszeit die Spree in ein Netz von Fließen, die den dichten Urwald durchzogen. Noch heute umgibt die rund 1 000 Kilometer Wasserläufe eine Wald- und Weidelandschaft. Besonders gut gedeihen hier Gemüse wie Meerrettich oder Gurken. Nach ihnen ist auch der 250 Kilometer lange Gurkenradweg benannt, der sich durch die Fließlandschaft schlängelt. Eine der schönsten Etappen ist die Strecke von Lübbenau nach Burg.

Auf Kahnfahrt im Spreewald bei Lübbenau

Infos zur Tour

Anfahrt & Rückfahrt
Bahnhof Lübbenau
(RE 2 und RE 7 jeweils alle 60 Minuten ab/bis Berlin Hbf., 69–77 Min.)

Streckenverlauf
Lübbenau – Lehde – Leipe – Burg-Kolonie – Burg – Burg-Kauper – Leipe – Lehde – Lübbenau

Streckencharakteristik
Reizvolle Tour durch die Auenlandschaft des Spreewalds auf bequemen Fahrrad-, z. T. auch Waldwegen, einzelne Abschnitte auf Dorf- oder Landstraßen.

Schwierigkeit
Einfach, allerdings muss man das Rad mehrmals über Brücken tragen

Für Kinder
Ja

Beschilderung
Gurken- und Spreeradweg ab Lehde

Einkehren
Restaurant Linari im Schloss · Lübbenau
Schlossbezirk 6 · 03222 Lübbenau · (0 35 42) 87 30 · www.schloss-luebbenau.de · Tgl. 14–17 und Abends ab 18 Uhr
Gehobene Küche mit regionalen Zutaten und sehr gute Weine in elegantem Rahmen. Zwangloser geht's in Rocco's Linari Bar zu, wo es tgl. ab 14 Uhr Kaffee, Kuchen und kleine Speisen gibt. Übernachtung im Schloss mit 4-Sterne-Komfort (DZ ab 100 €).

Gasthaus Kaupen Nr. 6 · Lehde
Kaupen 6 · 03222 Lübbenau, OT Lehde · (0 35 42) 4 78 97 · www.kaupen6.de · In der Saison Do–So 12–21 Uhr, im Winter unterschiedl. Öffnungszeiten
Das urige Gasthaus am Wasser lädt zu Senfmenüs oder Spezialitäten wie Hefeplinsen ein.

Poliwka · Burg
Bahnhofstraße 2 · 03096 Burg · (03 56 03) 75 96 71 · www.poliwka.de · Mo–Fr 10–16 Uhr
Gesunde, z. T. auch vegane Suppen, Salate und andere spreewaldtypische Gerichte bietet das unprätentiöse Lokal zu sehr fairen Preisen.

Radler-Scheune · Burg
Ringchaussee 155 · 03096 Burg · (03 56 03) 1 33 61 · www.radler-scheune.de/spreewald
Pannenservice, Gepäcktransfer, Fahrradverleih und günstige Bett & Bike-Übernachtungsmöglichkeiten (ab 99 €, in der Galerie ab 40 €), auch Gaststätte für Hausgäste.

Baden
Spreewelten Lübbenau · Alte Huttung 13 · 03222 Lübbenau · (0 35 42) 89 41 60 · www.spreewelten-bad.de
Spreewaldtherme Burg
Ringchaussee 152 · 03096 Burg · (03 56 03) 1 88 50 · www.spreewald-therme.de

Kahntouren
Kahnfährgenossenschaft Lübbenau
Hafen Lübbenau · (0 35 42) 22 25 · www.grosser-kahnhafen.de

Tour auf einen Blick

km 0	Vom ***Bahnhof Lübbenau*** über die Poststraße ins Zentrum, am Marktplatz rechts, dann am Kahnhafen und Schloss vorbei über den Lehdschen Weg nach Lehde.
km 2,5	Von ***Lehde*** über den Leiper Weg nach Leipe.
km 8	Von ***Leipe*** links und nach 1 Kilometer rechts durch Burg-Kolonie und über die Ringchaussee nach Burg.
km 18	Von ***Burg*** in nördlicher Richtung auf der Hauptstraße, später Byhleguhrer Straße, am Bismarckturm vorbei und links auf dem Gurkenradweg und durch Burg-Kauper links nach Leipe. Von dort auf demselben Weg zurück nach Lübbenau.
km 36	***Bahnhof Lübbenau***

Vom Bahnhof ins Zentrum von Lübbenau

0 km *Am* ***Bahnhof Lübbenau*** *überquert man die Bahnhofstraße und fährt gleich gegenüber geradeaus durch die Poststraße ins Zentrum. Rechts liegt dort der Marktplatz.*

Lübbenau ❶, das touristische Zentrum des Oberspreewalds, blickt auf eine lange Vergangenheit zurück. Im Mittelalter von Slawen besiedelt, kamen im 17. Jahrhundert holländische Tuchmacher hierher. Da der Flachs auf den humusreichen Böden gut gedieh, wurde die Leinenweberei zum wichtigsten Erwerbszweig des Städtchens. Im 19. Jahrhundert löste sie der Gemüse-, vor allem der Gurkenanbau ab. Den dreieckigen Marktplatz markiert neben einer Postmeilensäule die Pfarrkirche **St. Nikolai** von 1714 mit ihrem barocken Emporensaal. Ein Stück westlich, am Topfmarkt, steht das Torhaus, ein Backsteinbau von 1850, der heute das **Spreewaldmuseum** mit Gerätschaften der Leineweberei und einer Puppenstube beherbergt ((0 35 42) 8 70 24 20 · www.museums-entdecker.de · Apr.–Okt. Di–So 10.30–18, Winter Di–So 11–16 Uhr · 6 € / 4,50–5,50 €/ Kombiticket mit Freilandmuseum Lehde 10 €). Wer mehr über die Landschaft des Biosphärenreservats Spreewald erfahren möchte, besucht das **Haus für Mensch und Natur** in der Schulstraße 9 (Durchgang neben Touristen-Information auf der Ehm-Welk-Straße · ((0 35 42) 8 92 10).

N
1000 m
Oberspreewald
Mühlendorf
Grobba
Spreewald-
museum
Schloss
St. Nikolai
Lehdscher Weg
Lehde
Freiland-
museum
Innerer
Burg-Lübbener-Kanal
Lübbenau
Heimat-
stube
Leipe
Oberspreewald
Burg-Kauper
Burg-Kolonie
Informationszentrum
Biosphärenreservat
Spreewald
Bismarck-
turm
Hotel
Zur Bleiche
Ringchaussee
Spreewald-
therme
Gasthaus
Spreewald-
bahnhof
Burg
Hauptspree
Südumfluter
Richtung
Vetschau
Boblitz
A 15
Groß
Klessow
Groß
Lübbenau
ehem.
Tagebau
ehem.
Tagebau
Raddusch
Raddusch
Naundorf
Müschen

Vom Marktplatz gelangt man über die Ehm-Welk-Straße zum Kahnhafen und zum Schloss.

Besonderer Glanzpunkt Lübbenaus ist das klassizistische **Schloss,** das inmitten eines englischen Landschaftsgartens liegt. Bereits 1621 erwarben die aus der Toskana stammenden Grafen zu Lynar die Besitztümer und wohnten hier bis in die 1940er-Jahre. Da Wilfried Graf zu Lynar Verbindungsmann zu den Hitler-Attentätern von 1944 war, wurde die Familie enteignet, das Schloss anderweitig genutzt. Nach der Wende kauften die Lynars das Schloss zurück, restaurierten es aufwendig und machten es zu einem stilvollen Hotelbetrieb.

Von Lübbenau nach Lehde

Vom Schloss Lübbenau geht es auf der Straße Schlossbezirk, die später Lehdscher Weg heißt, in östlicher Richtung. Während der breite Fahrweg enger wird, geht der schlosseigene Landschaftspark in die typische Waldlandschaft über. Sie ist eine Welt für sich: Links und rechts säumen Kanäle mit träge fließendem Wasser, Schilf und Entengrütze den Weg, daneben stehen hohe Erlen und Birken Spalier. Über den Sümpfen liegt eine eigentümliche Stille, die alle Geräusche zu verschlucken scheint. Nur mehr oder weniger intensives Vogelgezwitscher ist je nach Jahreszeit zu hören. Über zwei Holzbrü-
2,5 km *cken, über die man das Rad tragen muss, gelangt man nach* ***Lehde.***

Das denkmalgeschützte Lagunendorf **Lehde** ❷ zeigt mit seinen bis zu 200 Jahre alten Blockhausbauten und den üppig blühenden Bauerngärten, wie es im Spreewald früher ausgesehen hat. Inzwischen sind die drei altwendischen Hofanlagen zum **Freilandmuseum** geworden. Es gibt eine historische Trachtenausstellung, die älteste Kahnbauerei von 1884, eine Blaudruckwerkstatt und eine Töpferei ((0 35 73) 8 70 24 40 · Mai–Sep. tgl. 10–18, Okt. 10–17 Uhr · 6 €/ 4,50–5,50 €/ Kombiticket mit Spreewaldmuseum Lübbenau 10 €). Das **Bauernhaus- und Gurkenmuseum** veranschaulicht stattdessen Anbau und Einlegeverfahren der Gurken (in der Hotelanlage Starick · An der Dolze 6 · (0 35 42) 89 99 60 · www.spreewald-starick.de · Apr.–Okt. tgl. 10–17 Uhr). Die Saure-Gurken-Zeit begann schon im Mittelalter, als slawische Siedler herausfanden, dass das Gemüse im feuchtwarmen Mikroklima besonders gut

Lübbenau mit seiner St.-Nikolai-Kirche

gedeiht. Zur geschätzten Spezialität wurde es allerdings erst durch das traditionelle Einlegeverfahren mit Salz, Essig und vor allem Kräutern wie Thymian, Dill, Basilikum oder Zitronenmelisse.

Von Lehde nach Leipe

Von Lehde aus geht es über den Leiper Weg an Gurkenfeldern, Wiesen und Bauernhöfen vorbei zum Fischerdörfchen ***Leipe,*** *das an einem breiteren Fließ liegt.* **8 km**

Leipe 3, das bis auf das 14. Jahrhundert zurückgeht, war lange Zeit nur auf dem Wasserweg erreichbar. Erst 1936 wurde ein Arbeitsweg gebaut, 1968 auch eine befestigte Straße. Nah am Wasser liegt die **Heimatstube,** die allerlei alte Möbel und Hausrat versammelt, mitunter dürfen Besucherinnen auch Spreewaldtrachten anprobieren ((0 35 42) 8 02 35 · im Sommer Di–So 10.30–15.30 Uhr).

Von Leipe nach Burg

Hinter dem Spreewaldhotel und der Heimatstube verlässt man den Gurkenradweg, hält sich an der Abzweigung links und fährt nach

Bei Burg führt der Radweg durch eine schöne Birkenallee

etwa 1 Kilometer wieder rechts in Richtung Kolonie, ein Ortsteil der weit verstreuten Gemeinde Burg. Über die Ringchaussee, die später zur Bahnhofstraße wird, vorbei am Hotel Spreewaldhof und
18 km *der Spreewaldtherme geht es ins Zentrum von* **Burg.**

Burg ❹, das aus mehreren Ortsteilen besteht, die weit verstreut sind, hat sich in den letzten Jahren zu einem beliebten Urlaubsort gemausert. Es gibt sehr gute Hotels – allen voran der Vorzeigebetrieb Zur Bleiche – und ein schön gestaltetes Solebad, die **Spreewaldtherme** (► Seite 165). Eine Kuriosität ist das **Gasthaus Spreewaldbahnhof Burg** im ehemaligen Bahnhofsgebäude. Hier findet man sich inmitten einer riesigen Sammlung zur Spreewaldbahn wieder, die bis 1970 zwischen Lübben und Cottbus verkehrte (Spreewaldbahnhof Burg · Am Bahnhof 1 · (03 56 03) 8 42 · www.spreewaldbahnhofburg.de). Eine weitere Sehenswürdigkeit ist die **Heimatstube,** wo es Trachten und Alltagsgegenstände aus dem 19. und 20. Jahrhundert zu sehen gibt (Am Hafen 1 · (03 56 03) 7 57 29 · wegen Umbauarbeiten zurzeit verkleinerte Ausstellung im Haus der Begegnung · Di–Do 14–18, Fr 9–12 Uhr 2,50 €).

Alternative Rückfahrt über Vetschau

Wer nicht wieder zurück nach Lübbenau fahren möchte, kann von Burg auf einem anderen Abschnitt des Gurkenradwegs (verläuft auf mäßig befahrener Landstraße, kein separater Radweg) zum Bahnhof Vetschau gelangen. Dazu von der Ringchaussee aus bei der Radler-Scheune (▶ Seite 165) in die Straße Zweite Kolonie abzweigen und dem ausgeschilderten Weg über Naundorf und Suschow nach Vetschau folgen (RE 2 alle 60 Min., ca. 70 Min. bis Berlin Hbf.).

Von Burg zum Bahnhof Lübbenau

In Burg biegt man am Ende der Bahnhofstraße am Hotel Zur Linde links in die Hauptstraße. Sie geht später in die Byhleguhrer Straße über und führt nach etwa 2 Kilometern zum **Bismarckturm** *auf dem Schlossberg. Er wurde von David Gilly in halb klassizistischem, halb expressionistischem Stil entworfen. Von oben kann man den Blick über die Spreewaldlandschaft genießen (Byhleguhrer Straße · Apr.–Nov. tgl. 10–18 Uhr · 3 € / 1,50 €). Ein Stück weiter nördlich an der Byhleguhrer Straße liegt das* **Informationszentrum des Biosphärenreservats Spreewald** *(Byhleguhrer Straße 17 · (03 56 03) 69 10 · www.spreewald-biosphaerenreservat.de · Mai.–Sep. Mo–Fr 10–15, Sa/So 10–17, Okt.–Apr. Mo–Fr 10–15 Uhr). Angeschlossen ist der schöne Schaugarten Spreewald Kräuterey mit Hofladen, ein Projekt der Lebenshilfe. Vom Kräutergarten geht es weiter an der Byhleguhrer Straße entlang in Richtung Peitz, bis links wieder der ausgeschilderte Gurkenradweg in den Willischzaweg abzweigt. Hier beginnt einer der schönsten Abschnitte der Tour durch beschauliche Wiesen und Wäldchen. Dabei fährt man auf einer bequemen asphaltierten Fahrradstraße, hält sich an der Abzweigung links, folgt ein kurzes Stück der Straße und zweigt wieder links in Richtung Leipe/Lübbenau nach* **Burg-Kauper** *ab. Dort geht es wieder links in Richtung Leipe, das nach ca. 2,5 Kilometern erreicht ist. Von* **Leipe** *radelt man dann auf demselben Weg zurück nach Lübbenau und zum* ***Bahnhof Lübbenau.*** *Alternativ kann man an der Abzweigung nach Burg/Kauper auch auf dem Polenzweg weiterradeln, der mehrere Kilometer auf einem nicht so reizvollen Plattenweg entlangführt, dafür aber die sehr schöne Waldgaststätte Wotschofska passiert und nach einem besonders idyllischen Waldweg am Kleinen Hafen von Lübbenau endet.*

36 km

Jüterbog – Luckenwalde

22 Auf der rasanten Fläming-Skate

Start	Ziel	Länge	Fahrzeit
Bhf. Jüterbog	Bhf. Luckenwalde	24 km	2,5 Std.

Eigentlich wurde die Fläming-Skate für Skater gebaut. Doch wird er mindestens ebenso viel von Radfahrern genutzt. Kein Wunder: Die etwa zwei Meter breite, asphaltierte Strecke eignet sich einfach ideal, um in die Pedalen zu treten. Die Strecke ist vorbildlich beschriftet, außerdem lässt sich der Haupt-Rundkurs RK 1 beliebig durch weitere Rundkurse erweitern. Die ausgewählte Etappe führt durch ein schönes Stück Fläming-Landschaft, wo der Blick über weite Felder und Weiden schweift. Zugleich verbindet sie drei geschichtsträchtige Orte: In Jüterbog, Kloster Zinna und Luckenwalde erwartet die Besucher eine geballte Ladung an mittelalterlichen Kirchen und Plätzen.

Die Fläming-Skate teilen sich Radler mit Skatern

Infos zur Tour

Anfahrt
Bahnhof Jüterbog
(RE 3 stündlich,
ca. 60 Min. von Berlin Hbf.)

Rückfahrt
Bahnhof Luckenwalde
(RE 3 stündlich,
ca. 45 Min. bis Berlin Hbf.)

Streckenverlauf
Jüterbog – Werder – Kloster Zinna – Neuhof – Kolzenburg – Elsthal – Luckenwalde

Streckencharakteristik
Bequem zu fahrende Tour auf asphaltierten Radwegen, wenige leichte Steigungen.

Schwierigkeit
Einfach

Für Kinder
Ja

Beschilderung
Fläming-Skate, z. T. Radweg Berlin-Leipzig

Einkehren
Die Förste – Café und Wein · Jüterbog
Markt 7 · 14913 Jüterbog ·
(0 33 72) 4 42 90 55 ·
Mo–Fr 9.30–18, Sa/So 10–18 Uhr
Behaglicher Ort mit gutem Kaffee, Kuchen und Snacks. Auch kleine Terrasse.

Hotel Alte Försterei Kloster Zinna
König-Friedrich-Platz 7 · 14913 Jüterbog, OT Kloster Zinna · (0 33 72) 3 98 23 00 · www.alte-foersterei-kloster-zinna.de · in der Regel Mo–Do 17–21, Fr–So 12–21 Uhr · auch behagliche Zimmer (EZ ab 89 €, DZ ab 110 €)
In der Jahrhunderte alten, historischen Oberförsterei Friedrichs des Großen wird gutbürgerliche Küche serviert, Spezialität sind (auch vegetarische und vegane) Burger.

Hotel und Gasthaus Zum Eichenkranz · Kolzenburg
Unter den Eichen 1 ·
14943 Luckenwalde, OT Kolzenburg ·
(0 33 71) 61 07 29 ·
www.hoteleichenkranz.de ·
Mo–Fr ab 17 Uhr, Sa/So ab 12 Uhr
3-Sterne-Hotel mit langer Tradition, das auch im großen, überdachten Biergarten deftiges Essen serviert (EZ ab 95 €, DZ ab 120 €).

Baden
Fläming-Therme in Luckenwalde
Weinberge 40 · 14943 Luckenwalde ·
(0 33 71) 4 00 20 ·
www.flaeming-therme.de

Freibäder in Luckenwalde und Jüterbog:
Freibad Luckenwalde-Elsthal
Teichwiesenweg 11 · 14943 Luckenwalde · (0 33 71) 61 51 31
Freibad Jüterbog
Teichstraße 2 · 14943 Jüterbog ·
(0 33 72) 40 49 34

Tour auf einen Blick

km 0 Vom ***Bahnhof Jüterbog*** links über die Berg-, rechts und gleich wieder links die Brücken- und rechts die Tauentzienstraße entlang zum Einstiegspunkt der Fläming-Skate. An der Abzweigung nach Neuheim rechts auf dem Rundkurs R3 Richtung Jüterbog und an den Bahngleisen links weiter nach Kloster Zinna.

km 7 Von ***Kloster Zinna*** auf der linken Straßenseite in südlicher Richtung und am Ortsausgang links auf dem Rundkurs R1 über Werder und Neuhof nach Kolzenburg. Dort in nördlicher Richtung und am Biergarten Elsthal auf dem Rundkurs R2 über den Färberweg, den Meisterweg, die Elsthaler Straße und die Neue Parkstraße, später Parkstraße, und rechts die Breite Straße zum Markt. Dort links über die Straße Haag hinweg, über die Poststraße und links über die Bahnhofstraße zum Bahnhof.

km 24 ***Bahnhof Luckenwalde***

⇨ Abstecher ins Zentrum von Jüterbog

Wer das historische Zentrum von Jüterbog ansehen will, steigt später in die Fläming-Skate ein und hält sich am Bahnhof zunächst rechts. Links geht es dann auf der Schlossstraße (B 102) Richtung Stadtzentrum, bis nach einer Rechtskurve links die Straße Am Dammtor (weiterhin B 102) abzweigt. Sie heißt später Pferdestraße und führt geradewegs zum Markt von Jüterbog, der linker Hand liegt.

So beschaulich die Fläming-Skate ist – im 1000-jährigen **Jüterbog** ❶ überrascht er mit einer geballten Ladung Geschichte. Der historische Stadtkern ist gespickt mit alten Fachwerkhäusern, Wehrtürmen, Stadttoren und Kirchen, an denen sich ablesen lässt, dass die Stadt im Mittelalter einst ein wohlhabender Handelsplatz war. Zentrum war der Marktplatz, wo zwischen allerlei Geschäften und Cafés das spätgotische, um 1500 entstandene **Rathaus** mit seinem filigranen Staffelgiebel die Zeit überdauert hat. Das älteste erhaltene Bauwerk von Jüterbog steht am Dammtor. Die um 1160 errichtete, später mehrfach veränderte **Liebfrauenkirche** birgt eine sehenswerte Renaissancekanzel und eine Wagner-Orgel aus dem 18. Jahrhundert in ihrem Inneren.

Franken-
felde
Franken-
förde
Luckenwalde
3
Luckenwalde
Haag
Johannis-
kirche
ehem.
Turbinen-
halle
Parkstr.
Elsthal
ehem.
Hutfabrik
N
1000 m
B 101
B 101
Nuthe
Kolzenburg
Neuhof
B 101
Grüna
Zisterzienser-
kloster
2
Denkmal
Kloster
Zinna
Neuheim
Heidehof
Werder
Zinnaer Vorstadt
1
Jüterbog
Museum im
Mönchenkloster
Jüterbog
Markt
Schlossstr.
Nikolai-
kirche
Liebfrauen-
kirche
Pferdestr.
Rathaus
B 101
B 102
B 115
Wald-
siedlung
Dennewitzer Str.
Marken-
dorf
Fröhden
B 101

Das Wahrzeichen von Jüterbog ist indessen die **Nikolaikirche** ein Stück östlich des Marktes mit ihren fast 70 Meter hohen, unterschiedlich gestalteten Türmen (Nikolaikirchplatz 1 · (0 33 72) 43 25 09 · Ostern–Okt. Di–Fr, So 13–17, Sa 10–17 Uhr). Im 13. Jahrhundert begonnen, wurde die gotische Backsteinhalle erst im 16. Jahrhundert vollendet. Im Innern erinnert der Tetzelkasten an den schwunghaften Ablasshandel, den hier zu Reformationszeiten der Mönch Johann Tetzel betrieb. Sein Motto „Sobald das Geld im Kasten klingt, die Seele in den Himmel springt" wurde für Martin Luther zum Stein des Anstoßes für seine berühmten 95 Thesen. Die ließ der geschäftstüchtige Tetzel wiederum auf dem Marktplatz verbrennen. Nordwestlich des Marktes steht schließlich die zwischen 1480 und 1510 errichtete Mönchskirche, die einst zu einem Franziskanerkloster gehörte. Heute ist die spätgotische Hallenkirche das kulturelle Zentrum der Stadt – unter anderem lädt das **Museum im Mönchenkloster** zur Besichtigung der historischen Räumlichkeiten samt Kreuzgang ein (Mönchenkirchplatz 4 · (0 33 72) 46 31 13 · Di/ Do 10–12.30, 14–17, Fr/Sa/So 14–17, jeder 1. Sa im Monat 10–17 · 5 € / 3,50 € / Schüler 2 €).

Um in die Fläming-Skate einzusteigen, fährt man von der Nordseite des Markts rechts und bald links auf der Zinnaer Straße, die später Zinnaer Vorstadt heißt, in nördlicher Richtung stadtauswärts. An einer Grünanlage biegt man links in die Straße An den Anlagen. Sie heißt bald Galgenberg, später Neuheimer Weg und führt nach etwa 1 Kilometer gleich hinter den Bahngleisen rechts auf die Fläming-Skate. Durch Wiesen und Wälder folgt man nun dem ausgeschilderten Radweg nach Kloster Zinna.

Vom Bahnhof Jüterbog nach Kloster Zinna

0 km *Im **Bahnhof Jüterbog** nimmt man den östlichen Ausgang, sodass man – leider ohne Fahrstuhl – auf die andere Seite der Gleise gelangt, und hält sich ein kurzes Stück rechts. Um zum Einstiegspunkt der Fläming-Skate zu gelangen, geht es links in die Bergstraße, rechts und gleich wieder links über die Brückenstraße und dann rechts in die Tauentzienstraße. Dort folgt man der Ausschilderung des Rundkurses 1. So geht es zwischen den letzten Siedlungshäusern aus der Stadt hinaus. An der Abzweigung nach Neuheim verlässt man den Rundkurs 1, hält sich rechts und fährt auf dem Rundkurs*

3 in Richtung Jüterbog. An der Abzweigung an den Bahngleisen fährt man links und folgt dem ausgeschilderten Radweg durch Wiesen und kleine Wälder in den hübschen Ort ***Kloster Zinna.*** *7 km*

Benannt nach einem Zisterzienserkloster, das der Magdeburger Erzbischof hier 1170 errichten ließ, ist **Kloster Zinna** 2 ursprünglich aus einer Webersiedlung hervorgegangen. Mit ihr wollte Friedrich der Große dem Ort nach der Aufhebung des Klosters im 16. Jahrhundert neues Leben einhauchen. Doch der erhoffte Wohlstand blieb aus. So reihen sich nur wenige Straßenzüge um die im Ortszentrum stehende Friedenseiche mit dem **Denkmal Friedrichs des Großen.** Immerhin ist aus der **alten Oberförsterei** des Alten Fritz ein stilvolles Hotel geworden. Vom einst bedeutenden Kloster sind indessen die um 1226 geweihte Kirche, das Siechen- und das Gästehaus sowie die Alte und Neue Abtei geblieben. Die frühgotische **Pfeilerbasilika** aus Granitquadern wirkt in ihrer Schlichtheit fast archaisch (Klosterkirche · Am Kloster 1 · (0 33 72) 44 24 880 · www.kirche-kloster-zinna.de · März–Okt. tgl. 11–15 Uhr · Führungen auf Anfrage). Sehr viel schmuckvoller sind die benachbarte Alte und Neue Abtei mit ihren verzierten Giebeln. In der spätgotischen, um 1435 entstandenen Neuen Abtei mit filigranem Treppengiebel wurden 1958 auch die Fresken von Zinna in der Abtskapelle freigelegt. Sie sind Teil des heutigen **Klostermuseums**. Die **Schaudestillerie** in der Alten Abtei lädt dazu ein, den hochprozentigen „Zinnaer Klosterbruder“ zu kosten (Klostermuseum und Schaudestille, z. Z. teilweise im Umbau · Am Kloster 6 · (0 33 72) 43 95 05 · www.kloster-zinna.com · Di–So 10–13 und 14–17 Uhr · 8 €/ 5,50 € / Schüler 2 € · Klosterdestillerie 3 €/1 €).

Kloster Zinna

Von Kloster Zinna nach Luckenwalde

In Kloster Zinna folgt man den Hinweisschildern, um die Bundesstraße B 101 zu überqueren und ein kurzes Stück auf der linken Straßenseite in südlicher Richtung zu fahren. Am Ortsausgang folgt man links dem Radweg nach **Werder.** *Von dort geht es mit herrlichem Weitblick über Felder, Wiesen und Weiden, wo häufig Pferde grasen, in den unscheinbaren Ort* **Neuhof.** *Immerhin liegt hier eine* **Straußenfarm** *am Wegesrand. Während die neugierigen Tiere die Radfahrer und Skater durch den Zaun beäugen, kann man Straußen- und Wachteleier, Fasane und Wildenten erwerben, in der Saison werden auch kleine Snacks angeboten. Jetzt wechseln sich Kiefernwälder mit den weiten Feldern und Weideflächen ab, bevor man in* **Kolzenburg** *ankommt. Nachdem man den Ort durchquert hat, geht es in nördlicher Richtung noch einmal durch Wälder nach* **Luckenwalde-Elsthal.** *Am Biergarten Elsthal fährt man auf dem Rundkurs 2 über den Färberweg, rechts den Meisterweg, links die Elsthaler Straße und links die Neue Parkstraße, die später zur Parkstraße wird. An ihrem Ende führt rechts die Breite Straße ins historische Zentrum von Luckenwalde, das sich um den Marktplatz gruppiert.*

Bequem fährt es sich auf dem Rundkurs

Auch **Luckenwalde** 3 ist eine geschichtsträchtige Stadt, die nicht nur im Mittelalter, sondern auch während der Industrialisierung eine große Blüte als Tuchmacherstadt erlebte. So übt – trotz des hier und da lädierten Stadtbilds – der Kontrast zwischen alter und moderner Architektur einen besonderen Reiz aus. An die mittelalterliche Marktsiedlung erinnert noch der Marktturm, der seit 1484 als Glockenturm der **Johanniskirche** seine endgültige Bestimmung gefunden hat. Die Kirche selber, eine spätgotische Backsteinhalle mit schönem Zierrippengiebel, beeindruckt im Innern mit Kreuzrippen- und Sterngewölbe sowie Wandmalereien. Dagegen sind die **Bürgerhäuser** an der Breiten Straße – ebenso wie das spätklassizistische **Rathaus** – Zeugen des Wirtschaftsaufschwungs im 19. Jahrhundert. Zur traditionellen Textilherstellung gesellte sich die Hutfabrikation. So beauftragten 1921 die Hutthersteller um Salomon Herrmann und Gustav Herrmann den damals noch unbekannten Erich Mendelsohn mit dem Neubau einer **Hutfabrik,** die heute als Ikone der expressionistischen Baukunst gilt. Innovativ an den vier Produktionshallen war nicht nur der Einsatz der Materialien Glas, Holz und Stahlbeton. Spektakulär ist auch die Kombination weicher Formen mit scharfer expressionistischer Linienführung, zu der den Architekten die Dünenlandschaft der Kurischen Nehrung inspiriert hatte. Zum Markenzeichen von Luckenwalde wurde schließlich die Dachhaube der Färbereihalle, die einem Hut ähnelt. Inzwischen wurde das Gebäude aufwendig saniert, steht allerdings leer.

Am Markt in Luckenwalde

Sehenswerte Architektur im Bauhausstil und dem der Neuen Sachlichkeit stellen außerdem die von Stadtbaumeister Graf in den 1920er-Jahren entworfenen **Schul- und Theatergebäude** dar (in denen sich heute noch das Stadttheater befindet) sowie die **Turbinenhalle**, die inzwischen als innovatives Kreativzentrum unter dem Motto „Kunststrom“ betrieben wird und ein ambitioniertes Programm organisiert. (Rudolf-Breitscheid-Str. 73 · (0 33 71) 40 61 78 0 www.kunststrom.com · Öffnungszeiten auf Anfrage, zu Ausstellungen geöffnet). Mehr über ihre Entstehung und die industrielle Entwicklung Luckenwaldes ist im 100 Jahre alten **Heimatmuseum** zu erfahren, das auch Stadtführungen organisiert (Markt 11 · (0 33 71) 67 25 50 · www.luckenwalde.de · Di/Mi 10–13, 14–17, Do 10–13, 14–18, Fr/Sa 10–13, So 13–17 Uhr · 2,50 € / 2 €).

Vom Stadtzentrum zum Bahnhof Luckenwalde

Vom Markt geht es in westlicher Richtung über die Straße Haag hinweg in die Poststraße. Sie führt geradeaus zur Bahnhofstraße. Hier hält man sich links und erreicht wenig später durch die Unterführung auf der rechten Seite den ***Bahnhof Luckenwalde.*** ***24 km***

Rathenow – Paulinenaue

23 Durch das weite Westhavelland

Start	Ziel	Länge	Fahrzeit
Bhf. Rathenow	Bhf. Paulinenaue	34 km	3,5 Std.

Auf den ersten Blick wirkt das Westhavelland recht unscheinbar. Die Havel ist weit entfernt, die flache Luchlandschaft, die Friedrich Wilhelm I. trockenlegen ließ, wird von Wiesen und Landwirtschaft geprägt. Doch wer auf dem komfortablen Havelland-Radweg unterwegs ist, lernt dieses angenehm unaufgeregte Stück Brandenburg bald liebgewinnen. Der Blick schweift von verträumten Eichenalleen über leuchtend gelbe Rapsfelder – je nach Jahreszeit lassen sich auch Störche, Kraniche oder Graureiher beobachten. In den Dörfern warten hübsche Feldsteinkirchen und eine Papiermanufaktur. Wer will, verlängert die Tour und besucht noch den berühmten Birnbaum in Ribbeck.

Eher selten anzutreffen: Wasser im Westhavelland

Infos zur Tour

Anfahrt
Bahnhof Rathenow
(RE 4 stündlich, ca. 55 Min. ab Berlin Hbf.)

Rückfahrt
Bahnhof Paulinenaue
(RE 2 stündlich bis Berlin Hbf., ca. 45 Min.)

Verlängerung: Bahnhof Nauen
(Mehrmals stündlich RE-Züge nach Berlin Hbf., ca 40 Min. Fahrzeit)

Streckenverlauf
Rathenow – Stechow – Kotzen – Kriele – Senzke – Pessin – Paulinenaue (Optional: Ribbeck – Berge – Lietzow – Nauen)

Streckencharakteristik
Lange, aber abwechslungsreiche und bequem zu fahrende Tour auf überwiegend asphaltierten Radwegen.

Schwierigkeit
Einfach, leichte Steigungen

Für Kinder
Ja (bei entsprechender Kondition)

Beschilderung
Havelland-Radweg (ganze Strecke)

Einkehren
Auf der Strecke von Rathenow nach Paulinenaue gibt es nur wenige Einkehrmöglichkeiten – wohingegen man in Ribbeck die Qual der Wahl hat.

Gasthaus Zum Alten Hafen · Rathenow
Am Alten Hafen 1 · 14712 Rathenow · (0 33 85) 4 99 27 27 · www.zum-alten-hafen.de · nur Mo 11.30–16 und ab 17.30 Uhr-großes Abendbuffet, Fr–Sa 11.30–21.30, So 11.30–21 Uhr
An der Stadtschleuse, mit Biergarten und gutbürgerlicher Küche.

Havelrestaurant Schwedendamm · Rathenow
Schwedendamm 7 · 14712 Rathenow · (0 33 85) 51 54 56 · www.havel-restaurant-schwedendamm.com · Mi–Fr 11.30–14 und 17–22, Sa 11.30–22, So 11.30–20 Uhr
Direkt am Optikpark wird hier gehobene Küche mit Fischspezialitäten geboten.

Restaurant im Schloss Ribbeck
Theodor-Fontane-Str. 10 · 14641 Nauen, OT Ribbeck · (0 33 21) 85 90 15 · www.schlossribbeck.de · Restaurant Mi–So 11–16 Uhr
Neben Information und Fontane-Museum (tgl. 10–17 Uhr) gibt es im renovierten Schloss ein Restaurant mit gehobener Küche.

Tour auf einen Blick

km 0	Vom ***Bahnhof Rathenow*** rechts über die Bammer Landstraße und der Ausschilderung folgend auf dem Havelland-Radweg über Stechow und Kotzen nach Kriele.
km 16,5	In ***Kriele*** an der Kirche rechts abbiegen und weiter auf dem Havelland-Radweg nach Senzke.
km 21	In ***Senzke*** an der Kirche rechts über den Luchweg und an der Weggabelung links über Pessin weiter auf dem Havelland-Radweg nach Paulinenaue. Dort links über die Prof.-Mitscherlich-Allee und danach rechts über die Bahnhofstraße zum Bahnhof.
km 34	***Bahnhof Paulinenaue***

Abstecher ins Stadtzentrum von Rathenow

Wer sich vor der Tour Rathenow ansehen will, überquert den Bahnhofsvorplatz, fährt über den Friedrich-Ebert-Ring zur Berliner Straße/Bammer Landstraße und biegt links ab. Über die Berliner Straße geht es – am Optik-Industrie-Museum vorbei – immer geradeaus ins Stadtzentrum und zur Altstadtinsel.

Als „Wiege der Optik“ gilt die Stadt **Rathenow** (1), nachdem Pfarrer Johann Heinrich August Duncker hier 1801 eine Linsen-Vielschleifmaschine erfand und damit die industrielle Fertigung von Brillengläsern begründete. Daran erinnert heute noch das **Optik-Industrie-Museum** im Kulturzentrum (Märkischer Platz 3 · (0 33 85) 51 90 40 · www.oimr.de · Di–So 11–17 Uhr). Im Zweiten Weltkrieg zerstört, ist die Stadt ansonsten von durchwachsenem Charme. Ihr altes Herz schlägt noch auf der kleinen **Altstadtinsel.** Hier haben sich rund um die St.-Marien-Andreas-Kirche vor mehr als 800 Jahren die ersten Bewohner angesiedelt, hier stehen jahrhundertealte Gebäude wie das Geburtshaus von Pfarrer Duncker. Ursprünglich als romanische Pfeilerbasilika errichtet, wurde die **St.-Marien-Andreas-Kirche** im 16. Jahrhundert zur gotischen Hallenkirche ausgebaut. Nachdem sie im Zweiten Weltkrieg in Flammen aufging, ist sie heute wieder vollständig hergerichtet. Nicht nur der mittelalterliche Flügelaltar und der spätromanische Abendmahlskelch sind sehenswert. Es lohnt auch, die rund 250 Stufen auf den Turm hinaufzusteigen, um von oben das Umland mit seinen vielen Wasserläufen zu überblicken. Zur Belebung der Stadt hat vor allem die Landesgartenschau 2006 beigetragen, die die Schwedendamminsel zwischen Havelarm und Seen in einen großen Garten verwandelte. Seitdem lockt hier der **Optikpark Rathenow** Besucher auf den Erlebnispfad Optik mit Prismen-Wasserspielen, begehbarer Weltzeituhr und dem weltgrößten Brachymedial-Fernrohr (Schwedendamm 1 · (0 33 85) 4 98 50 · www.optikpark-rathenow.de · Mitte Apr.–Mitte Okt. 9–18 Uhr, · Eintritt inkl. Floßfahrt 5 € /2,50 € / Familie 10 €).

Vom Bahnhof Rathenow nach Kriele

*In Rathenow überquert man den **Bahnhofsvorplatz** und fährt über den Friedrich-Ebert-Ring zur Bammer Landstraße. Dort biegt man rechts ab und folgt der Ausschilderung des Havelland-Radwegs, der bald links abzweigt – Symbol ist ein Fahrrad fahrendes Huhn –, in Richtung Paulinenaue. Durch einen schönen Kiefernwald fährt man auf einer ehemaligen Bahntrasse nach* **Stechow,** *das mit seiner* **Feldsteinkirche** *aus dem 13. Jahrhundert aufwartet. Weiter geht es auf der Friedensstraße durch den Ort, über die B 188 hinweg, auf eine von Eichen und anderen Bäumen gesäumte, zweispurige Fahrradstraße nach* **Kotzen.** *Der nicht gerade einladende Name des im 14. Jahrhundert erstmals erwähnten Orts soll übrigens auf das slawische Cozym zurückgehen. Am Ortseingang biegt man links in eine Straße mit Plattenbelag, überquert die Dorfstraße und folgt nun der Ausschilderung nach Kriele auf den asphaltierten Radweg. Mit weitem Blick über die flache Luchlandschaft mit Rapsfeldern und Wiesen fährt man über eine kleine Brücke und erreicht nach ca. 4 Kilometern **Kriele.***

0 km

Zwischen Ketzin und Phöben geht es immer an der Havel entlang

16,5 km

Auch in **Kriele** ② hat eine **Dorfkirche** aus dem 13. Jahrhundert – halb aus Backstein, halb aus Feldstein und mit hölzernem Turm – die Zeit überdauert.

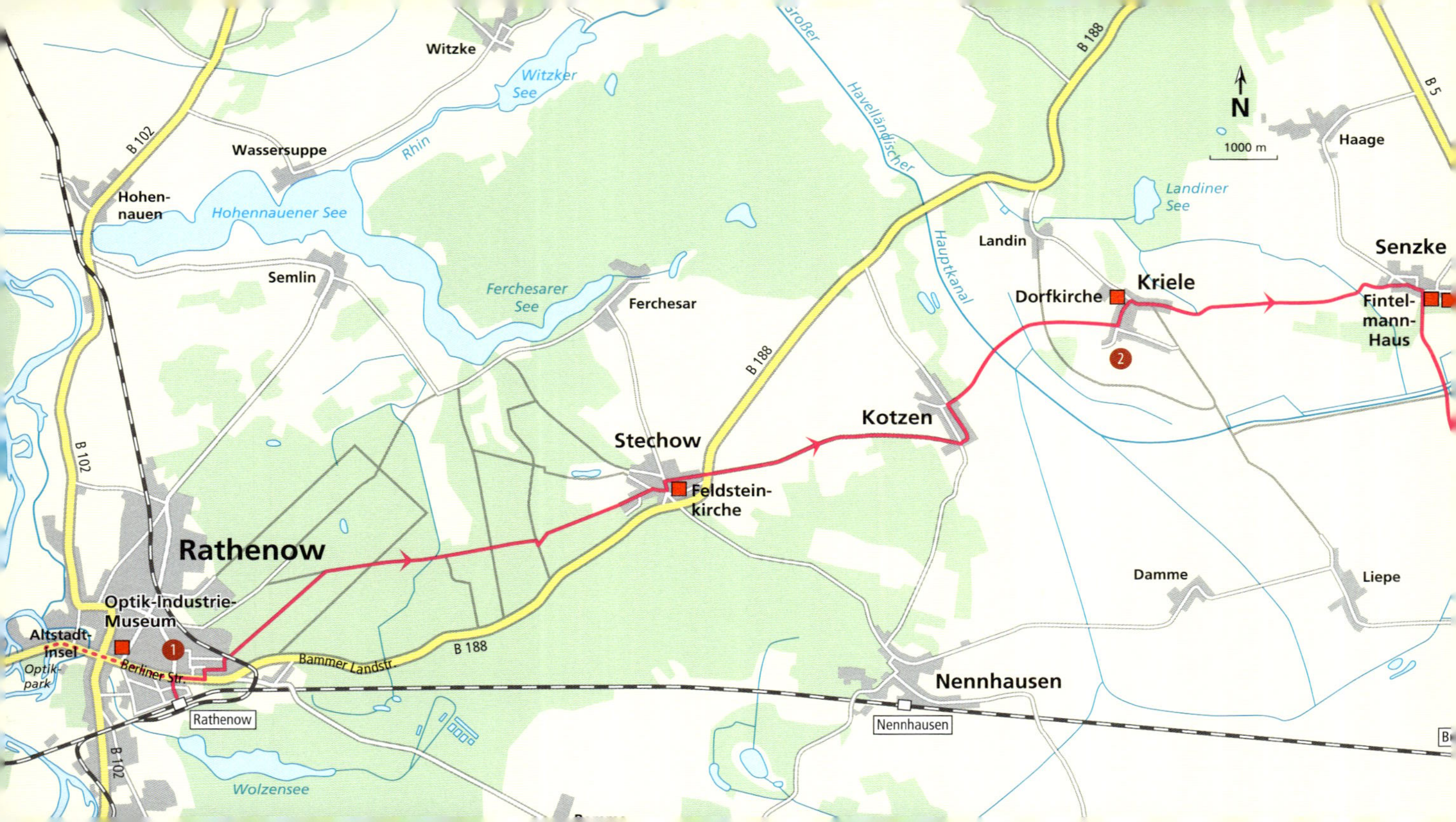

Witzke
Witzker See
B 102
Wassersuppe
Rhin
Hohen-nauen
Hohennauener See
Semlin
Ferchesarer See
Ferchesar
Großer Havelländischer Hauptkanal
B 188
N
1000 m
Haage
B 5
Landiner See
Landin
Senzke
Kriele
Dorfkirche
Fintel-mann-Haus
2
Kotzen
Stechow
Feldstein-kirche
Rathenow
Optik-Industrie-Museum
Altstadt-insel
Optik-park
1
Berliner Str.
Bammer Landstr.
Damme
Liepe
Nennhausen
Wolzensee

Paulinenaue
Paulinenaue
Dreibrück
hof
N
1000 m
Teufels-
hof
Hertefeld
Kienberg
Haage
Wagenitz
Großer Havelländischer Hauptkanal
Großer Havelländischer Hauptkanal
Senzke
3
4
Bienenfarmer Weg
Bienen-
farm
Lindholz-
farm
Bergerdamm
Fintel-
mann-
Haus
Herren-
haus von
Bredow
Herrenhaus
Pessin
Kinder-
bauernhof
Selbelang
B 5
Schloss
5
Ribbeck
Berge
zur Funk-
station
Nauen
B 273
Nauen
Retzow
Liepe
B 5
Lietzow
6
Jakobi-
kirche
Möthlow
Buschow
Neukammer
B 5
Buschow
Groß
Behnitzer See
Markee
B 5 / B 273

Von Kriele nach Senzke

An der Kirche fährt man rechts auf die Hauptstraße und gelangt am Ortsausgang wieder auf den Radweg, der auf etwa 3 Kilome-

21 km *tern nach* **Senzke** *führt.*

Was in **Senzke** 3 als Erstes auffällt, ist die ockergelbe Dorfkirche, die 1857 im Stil Schinkels als Saalbau errichtet wurde. Gegenüber stehen das **Herrenhaus derer von Bredow** aus dem 19. Jahrhundert, das heute in Privatbesitz ist, und – weitaus unauffälliger – das **Fintelmann-Haus.** Es ist benannt nach Joachim Heinrich Fintelmann, der aus einer Familie von Lust- und Hofgärtnern stammte. Sie soll unter anderem am Schlosspark von Berlin-Charlottenburg und der Pfaueninsel mitgewirkt haben. Ein Förderverein betreibt in dem hübschen rosafarbenen Fachwerkhaus aus dem 17. Jahrhundert ein kleines Museum. Wechselnde Ausstellungen erzählen von der Geschichte der Region (Dorfstraße 22).

Das Fintelmann-Haus in Senzke

Von Senzke zum Bahnhof Paulinenaue

An der Kirche biegt man rechts in den Luchweg ein und überquert dann den Großen Hauptkanal. Nun beginnt eine schnurgerade, aber reizvolle Strecke durch Rapsfelder und an kleinen Gewässern vorbei. An der Kreuzung mit dem Hinweisschild zum Bienenmuseum, das ca. 3 Kilometer weiter in Möthlow die Geschichte der Imkerei veranschaulicht, biegt man links ab. Dann fährt man weiter geradeaus nach **Pessin,** *wo ebenfalls ein* **Herrenhaus** *mit dem Baujahr 1419 – wahrscheinlich sogar das älteste Brandenburgs – und die* **Dorfkirche** *von 1739 die Zeit überdauert haben. An der Kirche hält man sich rechts, biegt anschließend wieder links ab und folgt der Ausschilderung zur Fahrradstraße. Auf zweispurigem gepflastertem Weg geht es nach etwa 2 Kilometern an der Kreuzung links und dann an Feldern, Wiesen und kleinen Wäldchen vorbei. An der folgenden Gabelung hält man sich rechts und folgt dem zweispurigen Pflasterweg nach* **Paulinenaue** 4**.** *Hier geht es links in die Prof.-Mitscherlich-Allee und rechts* *über die Bahnhofstraße zum* **Bahnhof,** *der auch schon einmal bessere Zeiten gesehen hat. Doch irgendwann wird – wenn alles gut geht – der Paulinenauer Kulturverein ihm neues Leben einhauchen.* 34 km

Tourenverlängerung von Paulinenaue nach Nauen

Wer Herrn Ribbeck auf der Spur ist, fährt am Bahnhof von Paulinenaue vorbei und biegt an der Kirche links in den Bienenfarmer Weg ein, der am Flugplatz Bienenfarm vorbei und rechts zum **Kinderbauernhof Marienhof** *führt. Weiter geht es Richtung Ribbeck. Kurz vor dem Ortseingang zweigt links der Havelland-Radweg nach Nauen ab. Zunächst geht es jedoch geradeaus in den Ort.*

„Herr von Ribbeck auf Ribbeck im Havelland ..." – wer kennt es nicht, das Fontane-Gedicht, das das Dorf **Ribbeck** 5 berühmt gemacht hat? Zwar sah es hier zu DDR-Zeiten recht finster aus, als Feudalherren unerwünscht waren und vom neobarocken **Schloss** derer von Ribbeck der Putz bröckelte (Theodor-Fontane-Straße 10 · 14641 Nauen OT Ribbeck · (03 32 37) 8 59 00 · www.schlossribbeck.de · Apr.–Dez. Di–So 11–17 Uhr · 6 €). Doch inzwischen wurde es aufwendig restauriert und beherbergt ein **Fontane-Museum,** ein Restaurant und den Tourismusverband des Havellands. So erweist sich Ribbeck als ein regelrechtes Bilderbuchdorf. Rund um den Dorfanger herum stehen die barock überformte **Dorfkirche** aus dem 14. Jahrhundert mit einem – wenngleich unscheinbaren – Nachfolger des berühmten **Birnbaums** an der Seite und die **Alte Schule,** aus der ein Café mit Fahrradstation und kleinem Museum geworden ist (Am Birnbaum 3 · (03 32 37) 8 54 58 · www.alteschule-ribbeck.de · Apr.–Sep. tgl. 10–17 Uhr, Okt.–März tgl. 11–16 Uhr). Außerdem findet sich am Dorfanger die **Brennerei** von Friedrich-Carl von Ribbeck, in der Birnenbalsamico und Edelbrände hergestellt werden. Schließlich ist auch aus dem alten Pfarrgarten ein sehenswerter **Bibelgarten** geworden.

Auf der bequemen Radstrecke schmelzen die Kilometer nur so dahin

Von Ribbeck zum Bahnhof Nauen

Zurück an der Abzweigung nach Nauen geht es auf dem bequemen Havelland-Radweg durch Wiesen- und Buschlandschaft nach **Berge** *und weiter nach* **Lietzow.** *Von hier führt noch einmal eine bequeme, gut 3 Kilometer lange Fahrradstraße durch Felder und Kleingärten nach Nauen. Auf dem Goetheweg geht es in Richtung Zentrum. Um zum Bahnhof zu gelangen, fährt man scharf links in die Parkstraße, folgt ihr bald rechts und weiter geradeaus zur Dammstraße. Dort biegt man links ab und erreicht den Bahnhof Nauen auf der rechten Seite.*

⇨ Abstecher ins Stadtzentrum von Nauen

Wer vor der Rückfahrt Nauen einen Besuch abstatten will, hält sich an der Dammstraße rechts, biegt rechts in die Holzmarktstraße und links in die Mittelstraße, die zum Markt führt.

Welch historische Bedeutung **Nauen** (6) hat, ist der Kleinstadt auf den ersten Blick nicht anzusehen. Dabei befand sich hier die **erste Funkstation Europas,** nachdem 1906 eine Versuchsstation gegründet und von Hermann Muthesius zum Funkamt ausgebaut worden war. Noch heute gibt es in Nauen eine Sendestation. Sie liegt 4 Kilometer außerhalb des Altstadtkerns im Ortsteil Am Weinberg, der auf dem Radweg entlang der B 273 zu erreichen ist. Allerdings ist der Zugang nur zu besonderen Anlässen möglich.
Im Zentrum sind indessen rund um den **Markt** einige schöne Bürgerhäuser aus dem 19. und 20. Jahrhundert in der Mittel- und Marktstraße zu bewundern. Außerdem besticht dort die **Jacobikirche,** die bereits im 12. Jahrhundert errichtet worden war, aber nach einem Stadtbrand 1695 in spätgotischem Stil wieder aufgebaut wurde.

via reise radtour
GPS
Die besten E-Bike-Touren
rund um Berlin
18 Tagestouren
NACHHALTIG REISEN
Genuss-Radeln auf Brandenburgs schönsten Radwegen

via reise tour
Wandern auf
Fontanes Wegen
18 Tages-touren
Brandenburg auf den Spuren
von Theodor Fontane entdecken

via reise verlag
RADFAHREN MIT KINDERN
RUND UM BERLIN
Extra: Sachgeschichten zu jeder Tour
GPS

GPS
via reise tour
Auf Försters Wegen
Die schönsten Berliner Waldwanderungen
NACHHALTIG REISEN
41 Streifzüge durch die Natur

Register

A

Altkünkendorf **129**
Alt Placht **121**
Angermünde **126**
Arensdorf **154**

B

Bad Freienwalde **146**
Barnimer Land **17**
Barnim Panorama **24**
Behlendorf **154**
Belvedere **87**
Berliner Mauerweg **10, 66**
Bernau **20**
Bett+Bike **4, 8**
Blankenfelde **53**
Blumberger Mühle **128**
Buckow **32**
Buckowsee **32**
Burg **170**
Burig **45**

C

Caputh **79**

D

Diedersdorf **152**

E

Eichhorst **137**
Erkner **44**

F

Falkenhagen **154**
Ferch **80**
Fläming **172**
Fläming-Skate **172**
Fontane, Theodor **74, 83, 89, 104, 106, 108, 113, 132, 162, 187**
Friedrichshagen **39**
Fürstenberg **113, 116**
Fürstenwalde **46**

G

Garzau **29**
Garzin **30**
Glienicker Brücke **71**
Golm **90**
Grimnitzsee **130**
Großer Lychensee **119**
Großer Stechlinsee **113**
Groß Machnow **52**
Groß Neuendorf **144**
Groß Schönebeck **24, 137**
Grube **90**
Grünau **36**
Grunewald **54**
Gurkenradweg **164**
Gusow **149, 162**
Gustav Seitz Museum **160**

H

Hangelsberg **46**
Hartmannsdorf **45**
Hasenfelde **154**
Havelchaussee **59**
Havelland **93, 180**
Hennigsdorf **12**
Himmelpfort **118**
Holländisches Viertel **86**

J

Joachimsthal **131, 134**
Jüterbog **174**

K

Ketzin **97**
Kienitz **141**
Kladow **62**
Kloster Zinna **177**
Kolonie Alexandrowka **87**
Kolzenburg **178**
Königs Wusterhausen **50**
Kotzen **183**
Krangen **106**
Kriele **183**
Küstrin-Kietz **141**

L

Langer See **36**
Lehde **168**
Leipe **169**
Lenné, Peter Joseph **16, 64, 70, 72, 80, 89, 146, 162**
Liebenhof **30**
Liebermann, Max **65, 68, 79, 80**
Liepnitzsee **17, 22**
Lietzen **154**
Lübbenau **166**
Luckenwalde **178**
Luise von Mecklenburg-Strelitz **93, 96**
Lychen **120**

M

Märkische Schweiz **147, 156**
Marquardt **89, 96**
Menz **110**
Mittenwalde **47, 51**
Molchow **105**
Müggelheim **38**
Müggelsee **38**
Müncheberg **33, 155, 158**
Museen und Gedenkstätten:
- Bauernhaus- und Gurkenmuseum **168**
- Bauhaus Denkmal Bundesschule **21**
- Brecht-Weigel-Haus **33**
- Eisenbahnmuseum **31**
- Flößereimuseum **121**
- Fontane-Museum **187**
- Freilandmuseum Lehde **168**
- Gedenkstätte Seelower Höhen **152**
- Gerhart-Hauptmann-Museum **44**
- Haus der Wannsee-Konferenz **69**
- Heimatmuseum Luckenwalde **179**
- Heimatmuseum Mittenwalde **51**
- Heimatstube Burg **170**
- John-Heartfield-Haus **30**
- Keramikmuseum **107**
- Klostermuseum Zinna **177**
- Kurt-Tucholsky-Museum **107**
- Liebermann-Villa **68**
- Mahn- und Gedenkstätte Ravensbrück **118**

Museum der Havelländischen Malerkolonie **81**
Museum Neuruppin **105**
Oderlandmuseum **146**
Optik-Industrie-Museum **182**
Schorfheide-Museum **138**
Spreewaldmuseum **166**

N

Nattwerder **90**
Naturparks und Schutzgebiete:
Biosphärenreservat Schorfheide-Chorin **124, 132**
Biosphärenreservat Spreewald **164**
Naturpark Stechlin-Ruppiner Land **108, 112**
Naturschutzzentrum Ökowerk **56**
Nauen **188**
Neuentempel **153**
Neues Palais **91**
Neuglobsow **113**
Neugrimnitz **129**
Neuhardenberg **161**
Neu Hartmannsdorf **45**
Neuruppin **104**
Nieder Neuendorf **14**
Nottekanal **47, 51**

O

Obersdorf **158**
Oderbruch **147**
Oderbruchbahn-Radweg **147**

P

Paretz **96**
Paulinenaue **186**
Persius, Ludwig **82, 88**
Pessin **186**
Petzow **81**
Pfaueninsel **69**
Phöben **98**
Potsdam **78, 86**

R

Rangsdorf **52**
Rangsdorfer See **52**
Rathenow **182**
Rehfelde **29**
Rheinsberg **106, 110**
Rheinshagen **106**
Ribbeck **187**
Ruppiner Schweiz **100**

S

Sacrow **60, 64**
Sacrow-Paretzer-Kanal **88**
Schadow, Johann Gottfried **70, 97**
Schermützelsee **32**
Schinkel, Karl Friedrich **16, 70, 81, 87, 88, 104, 154, 155, 161**
Schlösser und Landschaftsparks:
Glienicker Park **70**
Jagdschloss Glienicke **71**
Jagdschloss Groß Schönebeck **137**
Jagdschloss Hubertusstock **134**
Park Babelsberg **72**
Park Sanssouci **82, 90, 91**
Schloss Babelsberg **72**
Schloss Bad Freienwalde **146**
Schloss Caputh **79**
Schloss Charlottenhof **92**
Schloss Glienicke **70**
Schloss Gusow **162**
Schloss Königs Wusterhausen **50**
Schloss Lübbenau **168**
Schloss Marquardt **89**
Schloss Neuhardenberg **161**
Schloss Paretz **96**
Schloss Petzow **81**
Schloss Rheinsberg **106**
Schloss Ribbeck **187**
Schloss Sacrow **64**
Schloss Sanssouci **92**
Schloss Tegel **16**
Schloss Gusow **162**
Schloss Trebnitz **158**
Schloss Wulkow **161**
Schwielowsee **74**
Senzke **186**
Spreeradweg **40**
Spreewald **164**
Stechow **183**
Steinförde **113**
Strausberg **28**
Straussee **28**
Stüler, Friedrich August **70, 79, 87, 99**

T

Tegel **16**
Tegeler See **16**
Templin **122**
Templiner See **78, 82**
Teufelssee **56**
Trebnitz **158**
Tucholsky, Kurt **106, 107**

U

Ützdorf **23**

V

Villa Schöningen **71**
Villenkolonie Neubabelsberg **73**

W

Waldsiedlung Wandlitz **22**
Waldsieversdorf **30**
Wandlitz **24**
Wandlitzsee **17, 23**
Werbellinkanal **136**
Werbellinsee **134**
Werder **82, 98, 99**
Wildpark Schorfheide **138**
Wolletz **128**
Wolletzsee **128**
Wulkow **160**

Z

Zechow **106**
Zippelsförde **106**
Zollbrücke **145**

Impressum

Liebe Leserinnen und Leser,
alle Angaben in diesem Radtourenführer sind gewissenhaft geprüft. Trotz gründlicher Recherche können sich manchmal Fehler einschleichen. Wir bitten um Verständnis, dass der Verlag dafür keine Haftung übernehmen kann. Über Hinweise, Berichtigungen und Ergänzungsvorschläge freuen wir uns jederzeit!

Verlagsanschrift
via reise verlag
Berliner Straße 69
13189 Berlin
post@viareise.de
www.viareise.de

10. komplett aktualisierte Auflage, Berlin 2024

ISBN 978-3-949138-45-4

Text & Recherche
Ulrike Wiebrecht

Redaktion
Gabriela Dimitrieva

Herstellung & Gestaltung
Tanja Onken, Annelie Krupicka, Julian Funke

Kartografie
Tanja Onken,
Carlos Borrell, Berlin

Druck
Druckhaus Sportflieger, Berlin

FSC www.fsc.org MIX Papier | Fördert gute Waldnutzung FSC® C104586

Fotos
Ulrike Wiebrecht außer:
Kristina Becker 100; Koch/BTM 69; Babelsberger/Fotolia 99; Gemeinfrei 45; Heike Jestram/Fotolia 130; Anna Peters 123; Rainer Heidemeier/pixelio.de 72; Ruper/pixelio.de 164; Klaus Scheddel 15, 39, 60, 65, 114, 119, 147, 153, 154, 160, 187; Peter Brand/Spreewald Touristinformation Lübbenau e. V. 169; Simple Line/ stock.adobe.com 1; Torsten Keitzel/Stadt Fürstenwalde 40; Stiftung Neuhardenberg 163; Uwe Wattenberg/pixelio.de 71; Susanne Weber/Stiftung Paretz 97; Thorsten Wiehle/Berliner Forsten 34, 54, 59, 70; Boettcher/TMB Fotoarchiv 170, 179; Schwarz/TMB Fotoarchiv 106; nounours1/stock.adobe.com 164

Umschlag vorn
Radfahrer im Grünen
(stockphoto-graf/stock.adobe.com)

Umschlagklappe vorn
Mit dem Fahrrad an der Glienicker Brücke
(©visitBerlin Dagmar Schwelle)

Umschlag hinten
In der Rehfelder Heide nahe Strausberg
(Ulrike Wiebrecht)